ECONOMIA
DA
PAIXÃO

ECONOMIA DA PAIXÃO

DVS Editora Ltda. 2021 – Todos os direitos para a língua portuguesa reservados pela Editora.

Nenhuma parte deste livro poderá ser reproduzida, armazenada em sistema de recuperação, ou transmitida por qualquer meio, seja na forma eletrônica, mecânica, fotocopiada, gravada ou qualquer outra, sem a autorização por escrito dos autores e da Editora.

Colaboradoras: Márcia Maria de Matos e Paula Costa
Design de capa, projeto gráfico e diagramação: Bruno Ortega
Ilustração da protagonista: Wesley Gomes
Foto da contracapa: Larissa Diniz
Primeira revisão e organização dos originais: Irene Ruberti
Revisão geral: Fábio Fujita

```
       Dados Internacionais de Catalogação na Publicação (CIP)
               (Câmara Brasileira do Livro, SP, Brasil)

   Pimenta, Marcelo
        Economia da paixão : como ganhar dinheiro e viver
   mais e melhor fazendo o que ama / Marcelo Pimenta. --
   1. ed. -- São Paulo : DVS Editora, 2020.

        ISBN 978-65-5695-019-8

        1. Administração 2. Economia 3. Empreendedores
   4. Empreendedorismo 5. Prosperidade I. Título.

 20-49169                                          CDD-330
               Índices para catálogo sistemático:

        1. Economia    330

        Maria Alice Ferreira - Bibliotecária - CRB-8/7964
```

Nota: Muito cuidado e técnica foram empregados na edição deste livro. No entanto, não estamos livres de pequenos erros de digitação, problemas na impressão ou de uma dúvida conceitual. Para qualquer uma dessas hipóteses solicitamos a comunicação ao nosso serviço de atendimento através do e-mail: atendimento@dvseditora.com.br. Só assim poderemos ajudar a esclarecer suas dúvidas.

MARCELO PIMENTA

ECONOMIA DA PAIXÃO

Como ganhar dinheiro e viver mais e melhor fazendo o que ama

www.dvseditora.com.br
São Paulo, 2021

SUMÁRIO

AMA A QUEM TE AMA — 06

DISCLAIMER — 07

INTRODUÇÃO — 08

ANTES DE TERMINAR — 217

POSFÁCIO: Encontre a sua paixão e perca-se no fluxo! – Paula Costa — 218

REFERÊNCIAS BIBLIOGRÁFICAS — 221

LISTA DE EMPRESAS E PESSOAS CITADAS — 222

PRIMEIRA PARTE — 18
Da economia das redes e do conhecimento à economia da paixão

- Do Mundo VUCA ao mundo BANI 20
- Valorizar a diferença de forma intencional 27
- Marcas entregando propósito 37
- Assumir vulnerabilidade e compartilhar ousadia 46

SEGUNDA PARTE — 56
Atributos do protagonista da economia da paixão

- Abraça a vida criativa sem medo (criatividade) 60
- Vive o seu *Ikigai* (propósito) 68
- Está em busca do fluxo (resiliência e antifragilidade) 74
- Pratica autocuidado e sabe que é preciso aprender ao longo da vida (autoconhecimento) 83
- Exercita diferentes formas de pensar (design) 95

TERCEIRA PARTE — 102
Kit de sobrevivência – O que você precisa saber

- Design centrado no ser humano 104
- Marketing (cada vez mais digital) 117
- Vendas 123
- Finanças e controle (precisamos falar sobre isso) 130
- Gestão à vista 134
- Sócios e questões burocráticas 138
- Liderança criativa 141
- Inovação contínua 144
- Tendências e ideias para negócios inovadores 152

QUARTA PARTE — 158
Guia prático – Etapas para um projeto próspero, suave e feliz

- Encontre seu *Ikigai* 160
- Tenha uma hipótese apaixonante 171
- Prototipe um modelo viável 178
- Teste, mude, adapte 183
- Pés no chão e mente aberta 190
- Imprescindível – Tenha uma vida leve e saudável 201

Ama a quem te ama

Quero agradecer à Pachamama e a tudo que a natureza nos proporciona, como nos permitir manifestar aquilo que temos de mais sagrado.

Agradecer a todos aqueles que, por livre-arbítrio, escolhem assistir às minhas aulas. Vocês são o motivo de eu trabalhar de forma tão perseverante.

Sebrae, ESPM, Meu Sucesso.com, Polo Palestrantes são apenas algumas das organizações que me escolheram e me acolheram, canais por meio dos quais exerço meu propósito.

Agradeço a todos com quem convivo e que aceitam esse jeito *weird* (não convencional) de viver, e que apoiaram este projeto de todas as maneiras.

A todos os moradores deste lugar mágico que é a Serra da Cantareira, maior floresta urbana do mundo, local onde este livro foi concebido e escrito sob a luz do sol e ao som dos pássaros.

Algumas pessoas em especial não posso deixar de registrar:

- Minha mãe, que me inoculou a curiosidade pelo conhecimento;
- Flammarion Vieira, minha maior paixão;
- Bárbara e Anastácia Magalhães, pelo carinho, paciência, apoio, suporte, convívio e aprendizado diário;
- Toda a equipe do projeto, em especial a Paula Costa e a Márcia Matos, que foram parceiras naquelas aventuras que ficam registradas na memória até a eternidade;
- Bruno Ortega, que é responsável por essa direção de arte maravilhosa;
- Murilo Gun e toda a comunidade do Reaprendizagem Criativa;
- Eduardo Zugaib, minha ponte para a DVS, a editora que eu escolhi e que, de pronto, me acolheu;
- Pedro Gadea, por toda a curadoria e apoio na criação do avatar da protagonista da paixão;
- Flora Pimenta Staub, pelas trocas sobre alimentação e vida saudáveis;
- Manoel Carlos Júnior, inspiração no marketing de experiência;
- Os membros da Liga dos Inovadores, pelas trocas incríveis;
- E você, leitor, que me dá o privilégio de gastar seu tempo para conhecer essas ideias.

Disclaimer

Aquilo que servir a você, use. O que não servir, descarte.

Esta obra reúne crenças do professor Marcelo Severo Pimenta e das pessoas que colaboraram com esta publicação. A grande maioria delas é embasada em pesquisas, livros e outros registros que se encontram na Bibliografia.

Porém, existem experiências que sofrem do natural prejuízo de uma memória que reconstrói o passado com base em muitas convicções, e não necessariamente apenas nos fatos como eles aconteceram.

Leia este livro como um exercício de possibilidades. Há também hipóteses, possibilidades e insights que ainda estão envoltos em muitas incertezas. Portanto, mais do que como um manual de verdades, leia este livro como um exercício de possibilidades. Leia-o com a mente aberta e não leve nada para o lado pessoal.

O objetivo aqui é exercitar o autoconhecimento, gerar prosperidade criativa, inspirar pessoas, contribuir com o desenvolvimento pessoal de cada um e, assim, ativar o grande poder da coletividade. Portanto, não faça suposições que possam, de alguma forma, prejudicar o real objetivo deste livro, que é inspirar pessoas a atingirem a plenitude de suas capacidades nesta nova fase que iniciamos no planeta Terra a partir da pandemia da covid-19 de 2020.

Acesse a playlist no Spotify

Convidamos você a ouvir no Spotify *nossa playlist* que foi usada na redação do livro e que sugerimos que você conheça.

Introdução

O que é a economia da paixão e por que ela é a força motriz do século XXI

Não é exagero dizer que 30% dos negócios e dos empregos do mundo desapareceram em 2020, devido à pandemia da covid-19, que tem consequências ainda incertas. No entanto, o isolamento social que ela impôs trouxe transformações profundas – e, pode-se dizer, até definitivas.

Ouso dizer que o século XXI começou mesmo, de fato, mostrando sua verdadeira face, a partir dessa pandemia.

Foi assim também no século passado. Até 1920, o mundo era uma continuação de 1800. Mas, a partir dali, o mundo ocidental conheceu os *Roaring Twenties*, os anos loucos. Nós, ocidentais, tivemos a oportunidade de ver cidades como Nova York, Chicago, Paris, Berlim, Londres simplesmente explodirem! O jazz, o Moulin Rouge, os automóveis, o rádio deram uma nova dimensão ao conceito de vida urbana.

Claro, tudo vinha se acelerando, mas nada comparável a uma pandemia que nos deixou trancados em casa com medo de um vírus que ninguém vê, "descoberto" em um mercado de peixes na longínqua Wuhan. Vamos combinar: é um bom início para enredo de filme. De qualquer forma, é o que temos para o nosso começo de século XXI, a economia de baixo contato, o novo papel do indivíduo, do marketing, de tudo.

Mas de que maneira isso impactou a sociedade?

A metáfora que mais repeti em dezenas de lives, aulas online e palestras desde o início da pandemia em março de 2020 foi a de que vivemos um terremoto. Todos nós, como peças do jogo ludo (ou, como falávamos em Santa Maria, na minha infância, devagar se vai longe), sentimos o tremor. Os mais frágeis caíram para fora do tabuleiro. Os menos frágeis apenas tombaram, os mais fortes levantaram rapidamente, mas todos sentimos. E reagimos de forma diferente a esse fenômeno.

> **Este livro é um farol nessa nova economia pós-pandemia.**

Introdução

E isso permitiu que peças não voltassem para o mesmo lugar no tabuleiro. Daí a importância deste livro. Para ser um farol nessa nova economia pós-pandemia.

Usando termos de mestres como Alvin Toffler, ouso dizer que:

- A primeira onda foi a agricultura;
- A segunda onda foi a mecânica e a indústria;
- A terceira onda foram as redes e o conhecimento;
- A quarta onda é a paixão.

Pode ser um exagero, mas a leitura deste livro vai permitir a você tirar suas próprias conclusões.

Você pode exercer sua LIBERDADE como quiser:

- Numa agrovila ecológica budista no interior de Viamão;
- Como um executivo na Faria Lima;
- Com a criação de uma startup fintech no Porto Digital do Recife;
- Surfando na economia da paixão, tendo uma vida nômade e pegando onda para ver o que há além da arrebentação.

Sendo mais objetivo, a economia da paixão não está baseada APENAS na agricultura, ou na indústria, ou ainda no conhecimento conectado pelas redes. Envolvendo todo esse sistema complexo de produção e de vida, as pessoas começam a despertar para aquilo que é o mais importante – o interior delas mesmas.

Não que a paixão não estivesse presente, também, nos bilhões de construções e empreendimentos produzidos desde que o homem passou a andar ereto na Terra (mas nunca com essa proporção e intensidade).

Ao longo da Primeira Parte deste livro, você conhecerá uma conjunção complexa de fatores econômicos, sociais, políticos e ambientais que justificam fazer essa mudança.

Mas só aqui na Introdução falaremos de um plano que envolve forças bem maiores que nós.

ECONOMIA DA PAIXÃO

A era de aquário, data-limite, somos todos um

Talvez você já tenha ouvido falar, mas vale repassarmos algumas teorias que circulam e justificam tantas mudanças em tão pouco tempo.

Uma era, na ASTRONOMIA, significa um período de anos em que o sol fica de frente para uma constelação. Estamos falando de ASTRONOMIA: os cientistas que observam as estrelas detectaram que existem ciclos com duração média de 2 mil anos em que o ponto "vernal" (central) da Terra fica alinhado com uma das grandes doze constelações.

Esse fenômeno fez com que ASTRÓLOGOS, pessoas que estudam as interferências do cosmos nas nossas vidas, fossem mais precisos, descobrindo que, a cada 2.150 anos, o mundo muda de era astrológica – alterando, assim, seus principais valores.

Por exemplo, a supremacia egípcia no mundo aconteceu na era de Touro, de 4001 a 2000 a.C. Entre o ano 1 d.C. e 2000, vivemos a era de Peixes, uma era marcada pela construção.

E acredita-se que estamos na transição de Peixes para Aquário, que é uma era menos material, em que os valores da fraternidade, do amor, da compaixão, do propósito vão começar a ganhar força frente ao materialismo, à vitória a qualquer preço, ao lucro a qualquer custo.

Os astrólogos acreditam que o ápice desses ciclos "longos" será lá pelo ano 6000, quando a Terra vai estar no seu apogeu, e coisas como teletransporte e telepatia já serão tecnologias naturalmente humanas.

Os astrólogos acreditam que o ápice desses ciclos "longos" será lá pelo ano 6000, quando a Terra vai estar no seu apogeu, e coisas como teletransporte e telepatia já serão tecnologias naturalmente humanas. E quando esse tempo chegar, completar-se-á o grande ciclo de 25.000 anos, quando haverá uma espécie de Crt + Alt + Del, um reboot geral do sistema.

Mas deixemos essa história de lado.

Passemos a algo mais próximo de nós, que vem de Uberaba, Minas Gerais, onde viveu um dos maiores sensitivos do mundo, Francisco Cândido Xavier, ou apenas Chico Xavier, que, em 28 de julho de 1971, ao vivo, nos estúdios da TV Tupi Canal 4 em São Paulo, fez uma declaração bombástica. Ele alertava que os grandes guardiões do universo estavam preocupados em ver a Terra se encaminhar para uma Terceira Guerra Mundial. Os Estados Unidos e a então União Soviética se armavam de bombas nucleares até os dentes, e tínhamos, supostamente, uma data-limite: "Se não entrarmos numa guerra de extermínio nos próximos cinquenta anos, então poderemos esperar realizações extraordinárias da ciência humana".

Ou seja, segundo a doutrina espírita, estávamos em xeque – será que iríamos passar dessa fase?

Esse período se encerrou em 20 de julho de 2019.

Vamos esquecer essa teoria por enquanto e viajar para as verdejantes e úmidas florestas do Peru. Foi lá que, no século V ou VI, surgiram os manuscritos que falam de nove profecias que buscam destacar o papel da sincronicidade no nosso cotidiano. A história é contada no livro *A profecia celestina: uma aventura da nova era*, que pode ser considerado uma parábola que reúne conceitos fundamentais, escrito em formato de romance, misturando suspense e misticismo, pelo americano James Redfield. E a profecia prevê que a humanidade chegará à nova era quando todos fizerem a si mesmos uma pergunta: por que estou aqui? Ou, seja, o manuscrito prevê que chegaríamos ao século XXI buscando a ruptura de uma descrição estreita e egoísta do mundo. E vamos avançando, apesar dos desafios, para o momento da era da fraternidade universal.

Eu poderia citar ainda teorias que vêm da Índia, do Egito, do Oriente Médio que têm em comum a mesma crença (nas palavras de Redfield): "Compreenderemos como o mundo é, na verdade, belo e espiritual. Veremos árvores, rios e montanhas como templos de grande força a serem preservados com reverência e admiração. Exigiremos o fim de qualquer atividade econômica que ameace esse tesouro. E os mais próximos a essa situação encontrarão soluções alternativas para o problema da poluição, pois alguém intuirá essas alternativas ao buscar sua própria evolução".[1]

Essa conexão com a natureza é reafirmada também por Chico: "Para nós, os religiosos, natureza é sinônimo de manifestação de Deus. Então Deus cria a natureza, Deus cria a vida, mas o homem, os homens ou as mulheres

---

1 James Redfield, *A profecia celestina: uma aventura da nova era*, trad. Marcos Santarrita, São Paulo, Fontanar, 2009, p. 262-3.

do planeta, são filhos de Deus e podem modificar a criação de Deus. Nós nos encontramos no limiar de uma era extraordinária, se nos mostrarmos capacitados coletivamente a recebê-la com a dignidade devida".

E não é à toa que nosso transformer Murilo Gun, pernambucano que criou sua primeira startup no século passado, tornando-se depois expoente de stand up comedy até ser o fundador da maior escola de criatividade da América Latina, a Keep Learning School, profetizou: "Somos todos um". Ou seja, não há resposta fora da natureza, está tudo integrado e sincronizado.

Poder da sincronicidade

Quem está conectado com a energia da economia da paixão, sabe que nada acontece por acaso (se você ainda não está, não se preocupe, este livro vai ajudar).

Ao mesmo tempo que a pandemia da covid-19 me fez mais disciplinado para ensinar – com a criação de vários projetos educacionais, dentre eles este livro –, também me fez mais disciplinado para aprender. E foi aprendendo que eu tive a visão que quero compartilhar com vocês.

Uma das minhas características pessoais é ser colaborativo: sempre que posso, ajudo e apoio meus alunos, meus amigos, meus vizinhos. E a história deste livro começa num sábado, 1º de agosto de 2020, com uma colaboração.

Eu fui convidado pelo professor Sérgio Lage, da ESPM, a falar no curso de férias "Antropologia do consumo e customer insights". Minha participação estava marcada às 16 horas, e meu papel era abordar como o design thinking pode ajudar nas etapas de pesquisa e exploração de entendimento do consumidor, sua cultura e contexto.

Ao receber o convite, aventei a possibilidade de assistir ao curso desde o início, como ouvinte, o que ele aceitou. E pude presenciar, ao longo de toda a manhã, a aula (maravilhosa) do professor Sérgio. À tarde, seria a vez dos convidados, incluindo eu e também a Paula Costa, que, como *trendsetter*, fez uma linda apresentação sobre tendências que estavam sendo identificadas na pandemia e na emergência de algo que, no entendimento dela, poderia ser definido como "economia da paixão".

Introdução

(Dentro do meu cérebro, nesse momento, todos os neurônios e sinapses abriram um champanhe! Yeahhhhhh! Esse é o conceito que faltava no mosaico de temas que estamos trabalhando há trinta anos: empreendedorismo, inovação, negócios, criatividade, amor pelo que faz, *Ikigai*, canvas, fluxo e, mais recentemente, meditação, vida saudável...)

Uma coisa que aprendi é não perder tempo.

Ao ouvir economia da paixão, abri imediatamente no navegador uma nova aba e fui no **registro.br** e, pasmem!, o domínio estava livre! Agora, não mais. Pois, a partir dali, o domínio *economiadapaixao.com.br* passou a ser meu!

Não vou alongar mais essa história, pois o mais importante já foi dito e comprovado – nada acontece por acaso.

Por isso, você está aqui lendo com atenção esta Introdução, que a maioria dos leitores tende a pular.

Sim, acredite, a maioria dos leitores vai direto para o primeiro capítulo. Pois introdução é blá-blá-blá. E o que acontece? A pessoa chega ao ponto e desconhece o contexto. Daí não entende nada.

(É mais ou menos como você ir ao encontro das águas, em Foz do Iguaçu; ali é a divisa entre Paraguai, Argentina e Brasil. Se você não sabe, pensa que é apenas uma encontro de rios, mas se conhece um pouco de geografia e de história, aquela visita ganha outro significado.)

Os japoneses ensinam:

- Coloque a mão num forno quente e um minuto parecerá um dia.
- Coloque uma pessoa agradável para conversar com você e um dia parecerá um minuto.

Mas, voltando ao livro, falei com a Paula ao final do evento (não nos conhecíamos) e, na semana, voltamos a falar por mais uma hora, e foi incrível. Propus convidá-la a escrever comigo um artigo sobre a economia da paixão. O artigo virou este livro, que por sua vez deve virar uma plataforma – acesse *economiadapaixao.com.br* e confira!

Mas quero falar também sobre outro aspecto deste livro, que tem a ver com metacocriação ou seja, com o jeito de produzir o livro nos modelos mais adequados à economia da paixão.

Um livro, da ideia às livrarias, em menos de seis meses

É preciso destacar um aspecto: como um conceito surge em 1º de agosto, vira ideia de livro alguns dias depois e, em poucos meses, está nas livrarias?

Normalmente, os autores levam de seis a doze meses (além dos tradicionais seis meses de produção editorial e gráfica) para produzir um livro.

É importante explicar rapidamente, para quem não me conhece, que minha matriz tem o seguinte *blend*:

- Meu primeiro trabalho foi um programa foi na Rádio Universidade da UFSM, em 1989, quando eu tinha 18 anos. Durante a minha faculdade, fui estagiário da rádio e, depois, assessor de comunicação no Sindicato dos Bancários de Santa Maria e da Associação dos Professores da UFSM. Entre 1990 e 1992, antes mesmo de me formar, eu tinha alguns clientes para os quais editava um jornal de ponta a ponta. Eu escrevia, diagramava e tinha um fornecedor em Santa Cruz do Sul que imprimia. Em 1992, mudei-me para Porto Alegre para participar dos Caras Novas – um programa de trainee que foi um dos trampolins na minha carreira. Veio a internet e, desde o início dela, sempre fui ativo em BBS, Orkut, depois blog; hoje, tenho podcast e canal no YouTube, além de presença nas principais redes.

- Minha carreira de empreendedor, desde que me conheço por gente em Santa Maria, começou com a formação, aos 16 anos, de um trio para tocarmos em jantar dançante; depois, em Porto Alegre, o primeiro CNPJ – Marcelo Severo Pimenta ME – foi de uma firma individual para atender alguns clientes freelancers.

- Minha carreira de professor iniciou no Viajando pela Comunicação, um programa itinerante que ensinava bancários sobre a internet, em 1994, usando Alternex e Renpac. Iniciei como professor universitário na Ulbra em 1996, e, hoje, leciono em cursos na ESPM São Paulo, em unidades do Sebrae (em vários estados), no MeuSucesso.com, na Udemy e como convidado em universidades e plataformas de ensino.

Introdução

- Em 2012, criei, com a Maria Augusta Orofino e a Clarissa Biolchini, o e-book *Ferramentas visuais para estrategistas*, um sucesso com quase 1 milhão de downloads – você pode baixar o seu em **www.estrategistavisual.com.br** –, posteriormente impresso pelo Sebrae/RS.
- Em 2014, eu e a Márcia Matos escrevemos a primeira versão da Trem – *Trilha de referência para o empreendedor*, uma obra inédita naquele contexto, trazendo, de uma forma bem simples para professores e estudantes dos institutos federais (a evolução das escolas técnicas), um passo a passo para negócios inovadores. Ela teve uma versão revista e ampliada em 2017.
- Em 2015, criei o primeiro curso de design thinking de formato EAD 100% ao vivo em língua portuguesa (estamos agora na 13ª edição em 2020). Em 2018, criei o primeiro curso sobre *Ikigai* em uma universidade no Brasil.
- Em 2020, criei, durante a pandemia da covid-19, quatro guias digitais. Percebi que era hora de aglutinar toda a produção numa única obra, que é esta que você tem em mãos.

Portanto, este livro é resultado de toda essa ebulição que, desde a virada do milênio, vinha emergindo até que eclodiu.

A Paula e a Márcia assumiram então papéis importantes em todo esse processo. E, já em setembro, entraram no projeto a Irene Ruberti e o Paulo Fortuna, com uma contribuição imprescindível para revisão, organização e finalização dos originais.

Criei o projeto, a estrutura e os tópicos dos capítulos. Organizei as referências – posts em blog, slides de palestras, episódios de podcast, vídeos que eu tinha criado para o YouTube, livros que havia lido, frases, casos, histórias, diagramas – em um grande GoogleDocs; assim, fomos trabalhando de forma interativa, revisando, construindo, buscando melhorar.

Como o livro está organizado

A **Introdução** você já conhece.

A **Primeira Parte** é fruto da minha parceria com a Paula. Professora e pesquisadora de tendências, é uma colega que, a partir da Áustria, o universo me apresentou para podermos traçar um panorama que parte do mundo VUCA e da economia digital e colaborativa para chegar ao mundo movido pelo propósito e pela ousadia.

A **Segunda Parte** é uma forma de juntar aquelas questões que dizem respeito ao indivíduo. Queremos desmistificar que, para ser protagonista desse momento, é preciso ter algum dom.

Falamos aqui de como qualquer um pode assumir esse papel. Desenvolver mentalidade, mas, principalmente, uma atitude desbravadora, criativa, realizadora, resiliente. Para isso, construímos uma personagem que pudesse, através de acessórios, ferramentas e poderes, mostrar que todos podemos conquistar/ desenvolver/fortalecer essas características.

As duas partes finais são fruto da parceria de mais de vinte anos com a Márcia Matos.

A **Terceira Parte** é uma seleção criteriosa de pontos que você **tem que saber sobre agir/fazer/controlar**. Buscamos listar, de forma bem objetiva, os fundamentos do marketing, da gestão, do controle, de vendas, enfim, aqueles aspectos que você não pode deixar de dominar minimamente. Esses ensinamentos não têm o objetivo de fazer você passar na prova, mas, sim, de contribuir para que o seu negócio prospere e não feche.

Você pode até achar que não gosta ou não precisa desses temas; mas, se pretende ter um negócio minimamente estável, que não o encha de preocupações, o conteúdo da Terceira Parte é o MÍNIMO que você precisa saber; a partir dali, em cada um daqueles temas, o céu é o limite.

E, acredite, uma das lições deste livro é que não são os fatos que importam, mas como você reage a eles. Por exemplo, não se trata de gostar ou não de vendas, mas de saber que nenhum negócio sobrevive sem vendas, e NÃO É COMPLICADO RESOLVER ISSO. Porém, se nada for feito e você achar que o processo de vendas se resolve sozinho, VAI DAR PROBLEMA.

> **Não são os fatos que importam, mas como você reage a eles.**

A **Quarta Parte** é um mapa, um caminho. Você pode encará-la entre dois extremos:

- Como almanaque tipo passatempo, com o qual você vai se divertindo com as atividades.
- Dedicar-se de corpo e alma para fazer cada passo, com paixão e dedicação, com conexão e escuta ativa, com resiliência, entusiasmo e energia. Se você fizer dessa forma, atrevo-me a dizer que **NÃO TEM COMO DAR ERRADO**.

Ou, talvez, ainda exista um caminho intermediário pelo qual você pode conduzir o processo com profissionalismo, no ritmo que quiser, adaptando para seu momento de vida, para a intensidade que quer dar à sua aventura.

Mas, para todas as opções, existe uma mesma lei universal:

Se você acredita em algo e trabalha com leveza, persistência e propósito, tudo acontece.

Se você acredita que não acontece, não acontece.

O fluxo de tudo isso, as histórias, os relatos e as novidades sobre essa nova era, você pode acessar em **www.economiadapaixao.com.br**, acompanhando em tempo real essa jornada. Compartilhe sua história, suas dúvidas e experiências.

Espero você lá.
Serra da Cantareira, pandemia de 2020.

PRIMEIRA PARTE

Da economia das redes e do conhecimento à economia da paixão

Mudanças e incertezas são companheiras da humanidade. Ao longo do tempo, elas sempre causaram impactos na forma de pensar e fazer qualquer coisa, bem como no comportamento das pessoas. Se compararmos como viviam nossos avós e como vivemos hoje, vamos perceber que muitos comportamentos que eles tinham nós não temos mais, e muitos comportamentos que temos hoje, eles desconheciam. E, de geração em geração, essas mudanças vão acontecendo, fruto das influências oriundas da evolução das ciências, da filosofia e das técnicas e tecnologias.

O mais bonito desse processo é que nós, humanos, somos um sistema complexo, mas extremamente adaptável e interdependente, o que nos torna capazes de evoluir junto com as mudanças que nos surpreendem. E é com esse olhar que pensamos a Primeira Parte deste livro, em que, como um artista, pincelamos a realidade do século XXI e como essa nova realidade vem influenciando pessoas e negócios.

Do mundo VUCA ao mundo BANI

Qualquer um que esteve na escola aprendendo sobre maias, incas e astecas já parou para se perguntar como a vida do século XXI será contada nas salas de aula do futuro e de que forma tudo o que vivemos refletirá na história. A princípio, não sabemos nem mesmo se nesse futuro incerto teremos salas de aula, mas uma coisa é fato: o ano de 2020 ficará marcado como um grande divisor de águas para a humanidade.

Desde a década de 1980, dizemos viver em um mundo *VUCA*, acrônimo em inglês para *volatile, uncertain, complex, ambiguous*, o que, em tradução literal, significa "volátil, incerto, complexo, ambíguo". A aceleração digital dos últimos tempos e o excesso de informações que nos rodeia diariamente nos lançaram, cada vez mais, na dinâmica VUCA em todas as dimensões de nossas vidas. Dá para arriscar dizer que, nos últimos dois anos, ou até mais, boa parte das palestras, TEDs e aulas contou com um slide mencionando a sigla como introdução e justificativa para muitas das mudanças comportamentais da sociedade.

O ano de 2020 chegou e as dimensões do mundo VUCA ficaram incontroláveis; passamos, então, a dizer que entramos, segundo o futurista Jamais Cascio, em um mundo *BANI: brittle, anxious, non-linear, incomprehensible*, cuja tradução é "frágil, ansioso, não linear e incompreensível". Os termos remetem ao fato de que a complexidade e a incerteza nos tomaram de tal forma que abrimos mão do controle, assumimos a nossa fragilidade em encarar o que não compreendemos e passamos a nos voltar à busca de soluções ágeis, em um cenário no qual não existem caminhos certos ou errados, e a única verdade é a mudança constante e repentina.

Da economia das redes e do conhecimento à economia da paixão

VUCA	BANI
Volátil, incerto, complexo, ambíguo	Frágil, ansioso, não linear, incompreensível
Surgiu em 1980, após a Guerra Fria, quando o mundo imergiu em um verdadeiro caos	Surge em 2020 como uma evolução do VUCA

De VUCA para BANI

- As dimensões exacerbadas da volatilidade configuram a fragilidade daquilo que muda constantemente
- As incertezas crescentes culminam em uma grande ansiedade
- A complexidade evolui para a não linearidade
- O ambíguo se torna incompreensível

ENTENDENDO O MUNDO BANI

Frágil	Aquilo que muda rapidamente é frágil, não tem raízes sólidas e pode se desfazer a qualquer momento, gerando um forte impacto em um mundo interconectado
Ansioso	O imprevisível gera ansiedade pelo desconhecido, prejudicando o foco, mas estimulando a necessidade da prática do poder de ação
Não linear	Um novo sistema de causa e consequência se estabelece, em que uma decisão tomada hoje pode ter resultados desproporcionais e imprevisíveis diante da aceleração dos acontecimentos
Incompreensível	O acesso e o controle de dados podem parecer uma fonte de soluções, mas a capacidade humana de processar as informações não mudou e o excesso delas pode gerar justamente o efeito contrário. Em muitos momentos, faltam-nos respostas

SKILLS NECESSÁRIAS NO MUNDO BANI

Resiliência
Empatia e atenção plena
Contextualização e adaptabilidade
Transparência, intuição e criatividade

PRIMEIRA PARTE

Um mundo guiado pela incerteza abre espaço para a criação de novas realidades, e a economia criativa toma forma respaldada pela autonomia, facilidade e acesso ao mundo digital. Independentemente de nossa localização, como trabalhamos ou vivemos, estamos todos diante da oportunidade de adquirir novas habilidades, como a resiliência, a capacidade empática, a atenção plena, a adaptabilidade e a intuição, para criar novos caminhos frente aos desafios. Não à toa, observamos o fenômeno de crescimento de startups, modelo de negócio que nasce com a sede de resolver problemas, muitas vezes em esfera mundial.

Somente entre 2018 e 2019, a Associação Brasileira de Startups (Abstartups) registrou um crescimento de 27% no número de startups no Brasil, o que representa vinte vezes o volume de 2011, quando a associação foi fundada. Se já existia uma perspectiva de que esses números tornar-se-iam mais representativos em 2020, essa expectativa aumentou durante os meses de pandemia e deve caminhar junto com o também crescente mindset empreendedor, que passa a ser realidade na vida pessoal e profissional de todos nós – mesmo para aqueles que não atuam no próprio negócio. Além de novos e maiores problemas, o mundo ganhou pessoas com novas formas de pensar e compreender o seu papel diante do todo, que tendem a buscar maior conexão entre aquilo que fazem e são e a forma como isso reflete no mundo. Finalmente, entendemos o poder de ação e realização que temos em nossas mãos.

Para nos aprofundarmos, vamos entender algumas das principais mudanças nas dinâmicas de mercado frente à pandemia de 2020, que devem impulsionar a economia e a forma como nós, enquanto profissionais, marcas e consumidores, atuamos dentro dela.

Digitalização
Mais do que a adoção irreversível da tecnologia, o crescimento das operações digitais acarreta uma nova forma de viver, consumir e enxergar o mundo. Estamos acelerando o abandono da era industrial e analógica, voltada ao acúmulo de coisas e produtos, e dando espaço definitivo à era digital, em que a experiência é o maior ativo.

Levamos para todas as nossas atividades o mindset do mundo digital, em que não existe limite para a imersão e tudo é mais simples, fluido, rápido e dinâmico. Para as marcas, isso não significa que é preciso vender pela internet, mas, sim, que é essencial usá-la para vender, incorporando a dinâmica de integração entre canais de uma jornada de consumo não linear e entendendo a importância de responder, rapidamente e com criatividade, às demandas cada vez mais instantâneas, personalizadas e *on demand* do consumidor.

Protagonismo digital

No mercado de trabalho, já vínhamos falando sobre esta característica: ser protagonista e agente das transformações. Hoje, esse perfil se faz ainda mais necessário em um mundo cada vez mais dinâmico. Conforme necessitamos de maior autonomia, proatividade e criatividade, também precisamos ser mais digitais, ou seja, buscar novas capacitações e tecnologias e nos familiarizar com o que há de novo na comunicação e na forma de aprender.

Humanização

Como bem diz a física, "os opostos se atraem", e, portanto, quanto mais digitais nos tornamos, mais buscamos resgatar a nossa essência humana. O cenário de caos da pandemia acarretou forte vulnerabilidade, sem respostas ou soluções exatas; buscamos conforto uns nos outros, a partir de alguns dos sentimentos mais humanos que existem dentro de nós, como a compaixão. Atividades que equilibram o corpo e a mente passaram a ser mais procuradas, como a espiritualidade e os exercícios físicos. Nesse caminho, a própria tecnologia contribuiu, com aplicativos voltados para a meditação, por exemplo.

No mundo dos negócios, vimos empresas adotando um posicionamento humanizado: relacionando-se de forma próxima, transparente e receptiva.

Colaboração

Como mencionado no item anterior, o sentimento de vulnerabilidade frente a um inimigo em comum e desconhecido, o coronavírus, responsável pela pandemia da covid-19, tornou a união entre pessoas, profissionais e marcas o caminho mais ágil para a busca por soluções.

Ações sociais e relações colaborativas promovidas pelas marcas, contemplando iniciativas relacionadas à aproximação entre concorrentes e ao suporte de grandes corporações a empresas menores que se viram mais fragilizadas, passaram a fortalecer as atividades comerciais. O aprendizado de que "juntos somos mais fortes" não morre com a estabilização da pandemia. A metacocriação, que é criação colaborativa a partir de um conteúdo já existente, se torna mais comum, bem como as colaborações movidas pela empatia entre pessoas, que passam a esperar mais umas das outras; marcas se unem para lançar novos produtos; artistas se põem a realizar obras juntos; e assim por diante.

Desigualdade em camadas

O confinamento ao qual fomos sujeitados mostrou ainda mais a desigualdade existente no país e no mundo: uma família que vive em uma mansão com sala de jogos e piscina não viveu a mesma experiência que a de uma com sete filhos em uma casa de três cômodos. A quarentena foi separada por camadas sociais, e esse contexto, somado à força colaborativa do item anterior, aciona um alerta para o mundo de que mudanças são necessárias nas esferas social e econômica.

Do it yourself

Se você não precisou fazer algo por conta própria na quarentena imposta pela pandemia, há alguma coisa errada. Os resultados de busca do Google mostram um grande aumento de pesquisas de "como pintar a casa", "como cortar o próprio cabelo", dentre outras.

Passamos a rever a forma como podemos suprir as nossas próprias necessidades; e, em muitos casos, identificar a nossa capacidade produtiva se tornou estímulo para a criação de negócios e solução para os desafios econômicos.

Autodesenvolvimento e autocuidado

O cenário de crise da saúde, somado ao isolamento social, se reflete em um consumidor mais voltado para si, que passa a dar mais atenção à sua saúde, ao bem-estar, a atividades, hobbies e habilidades. O autocuidado e a revisão das nossas atividades e formas de desenvolvimento ganharam protagonismo. Com as pessoas tendo mais tempo livre e fugindo do tédio, a busca por novos aprendizados se mostrou uma força e tem relação direta com o ponto anterior e o próximo.

Lifelong learning

Essa expressão significa aprendizagem ao longo da vida, que se contextualiza perfeitamente em um mundo no qual as mudanças são constantes. Aquilo que foi aprendido ontem pode não ser mais uma verdade hoje, portanto, não devemos imaginar o estudo como algo seriado, que em algum momento finda. Mais do que isso, com as facilidades oferecidas pela tecnologia, hoje o aprendizado tem diferentes fontes e formas não lineares, não dependendo da matrícula em um curso. O nosso conhecimento passa a ser formado por informações fragmentadas de livros, documentários, podcasts, redes sociais, e assim por diante.

Content is the real king

Em linha com o tópico anterior, o conteúdo se torna o verdadeiro rei. Criar e oferecer algo genuíno, que supra uma necessidade real de informação, é caminho para a conexão com pessoas, recurso que vem sendo adotado por influenciadores e marcas.

Sustentabilidade

Ao olharmos mais para nós mesmos e despertarmos a nossa humanidade, observamos também o impacto que sofremos e causamos no ambiente em que vivemos. Estando em casa 24 horas por dia, muitos tomaram consciência da quantidade de lixo que produzem diariamente e que, antes, era dispersado entre outros ambientes. Entendendo que o contato com a natureza possibilita uma conexão com a nossa própria humanidade e que somos frágeis frente ao que não controlamos – como o próprio coronavírus e outros tantos fenômenos naturais –, a preocupação com a sustentabilidade, que já era uma realidade, se faz ainda mais relevante, e a exigência do posicionamento das marcas em relação a esse fator se torna premissa básica.

Consumo consciente

O confinamento da sociedade em casa e a interrupção das atividades que movimentam a economia acarretaram um cenário de crise econômica em escala mundial: muitas empresas fecharam e milhares de pessoas perderam os seus empregos. O acesso limitado a comércios essenciais possibilitou maior consciência quanto a itens que são supérfluos. Somado ao menor poder de consumo, esse contexto sinaliza para o fato de que sairemos da pandemia mais conscientes em relação àquilo que consumimos, buscando escolhas voltadas para a durabilidade, a qualidade e o propósito. As marcas que oferecem maior valor, conveniência e acesso tendem a ganhar um consumidor que está aberto a experimentar novas formas de consumir. Podemos perceber isso em produtos personalizados, com curadoria, dando destaque e informação clara sobre cada detalhe, benefício, atendimento em diversas plataformas, formatos de entrega alternativos... Ou seja, serviços que entendam nossa singularidade.

Novas formas de relação e conexão

Mesmo com todos nós dentro de casa, o wi-fi não nos permitiu um isolamento total. Passamos datas afetivas como Páscoa e Dia das Mães a distância, mas, ainda assim, juntos. Somos seres sociais, e as interações pessoais não são substituíveis, mas fato é que a pandemia evidenciou o poder de conexão que o mundo digital possibilita, trazendo uma nova perspectiva para o campo de relações e sugerindo evolução de um mundo cada vez mais globalizado.

Glocalização

Ao mesmo tempo que a dimensão da globalização ganha força, o cenário de isolamento social trouxe maior protagonismo para o local. Existe conforto, pertencimento e identidade naquilo que nos remete às nossas origens.

Evitando longos deslocamentos e com a intenção de ajudar os mais vulneráveis, muitos abandonaram as grandes redes e passaram a consumir de pequenos negócios, que, por sua vez, mostraram a sua força de conexão com comunidades locais.

A glocalização diz justamente sobre a fusão das palavras global e local, e refere-se à presença da dimensão local, mas também com influência global. Os negócios de grandes escalas tendem a se adaptar ao contexto das localizações onde atuam, e mesmo os negócios de menor porte ganham, a partir da tecnologia, condições de expandir tanto a sua atuação quanto a sua influência global.

Valorizar a diferença de forma intencional

Só a vaca roxa sobrevive

A Revolução Industrial do século XIX foi marcada pela forte capacidade produtiva. Máquinas e profissionais dentro de empresas tinham como foco a evolução para alimentar a crescente demanda por produtos e serviços. O consumo se tornou um estilo de vida. E a necessidade de expandir continuamente a ansiedade dos consumidores provocou o desenvolvimento de processos a fim de garantir maior produtividade e eficiência. Dentro de fábricas, trabalhadores eram orientados à padronização, tendo em vista que produzir mais e mais rápido era o grande objetivo.

Não é de hoje que esse sistema é questionado. Segundo Philip Kotler, um dos maiores especialistas em marketing do mundo, temos hoje cinco grandes perfis de movimentos anticonsumistas: os simplificadores, que querem reduzir a aquisição de bens e valorizar a opção por aluguéis; os ativistas de decrescimento, que buscam redução e consciência de consumo temendo pelo limite da capacidade de produção de alimentos do planeta; os ativistas de clima, focados nos impactos do consumo nas mudanças climáticas; os consumidores de alimentos conscientes, que se preocupam com a cadeia de consumo de animais – em sua maioria vegetarianos e veganos; e os ativistas da conservação, que prezam pelo aumento do ciclo de vida das coisas a partir de reúso, doação, conserto etc. Semanalmente vemos surgir novas entidades, livros, documentários e outros conteúdos que debatem sobre o consumo pautado nesses diferentes perfis; muito provavelmente, você se encaixa em alguns deles e conhece pessoas que se encaixam entre esses ativistas.

Independentemente do fator motivador, fato é que, desde sempre, todo esse movimento da era industrial, voltado ao acúmulo de coisas, acarreta discussões polêmicas. Isso foi intensificado na atual era digital, em que o "ser" está acima do "ter", e as experiências são os maiores ativos que uma marca pode entregar a um consumidor. Não queremos mais coisas, queremos mais experiências e, nesse sentido, você já deve ter ouvido muitos fazendo o paralelo entre a compra de um carro e o uso do Uber: não fazemos questão de possuir um carro, mas de usar o seu benefício, daí que a ideia de poder comprar de forma simples um deslocamento pontual já é suficiente.

Logo, aquelas empresas que, antes, tinham como foco a produtividade e a eficiência, para garantir estoques de produtos que rapidamente eram desovados, começam a ser desafiadas pela demanda de produtos cada vez mais diferenciados e capazes de entregar algo além do bem material. Em um primeiro momento, lá atrás, surgiram as marcas como fator diferenciador entre produtos, principalmente aqueles considerados commodities. Hoje, começamos a nos inclinar para um consumo mais consciente, o que não significa apenas consumir menos ou de forma sustentável, mas também a partir de princípios pessoais, buscando marcas com as quais temos uma conexão a partir de propósito e valor. Para uma marca, o seu propósito é o motivo de sua existência, e os seus valores devem condizer com a forma como ela atua.

Nesse cenário, as marcas passam a adotar um papel humanizado. Assim como pessoas, ganham crenças, traçam os seus ideais e se direcionam a partir dos objetivos humanitários que as movem, encontrando os seus consumidores em manifestações que defendem as causas em que acreditam e criando ofertas – de produtos, conteúdo, experiência ou serviços – que garantem que os seus propósitos e posicionamento estejam sempre sendo claramente comunicados.

Em 2020, observamos um forte movimento que enfatizou como as marcas realmente incorporaram a exigência de responder pelos acontecimentos de ordem social. Em maio, o afro-americano George Floyd morreu estrangulado por um policial branco depois de, supostamente, ter usado uma nota de US$ 20 falsificada em um supermercado. O vídeo da abordagem e do consequente assassinato viralizou e motivou protestos contra o racismo no mundo todo até que, em pouco tempo, diversas marcas, junto com os seus consumidores, já erguiam a bandeira do movimento ativista internacional contra a violência a pessoas pretas, o Black Lives Matters, "vidas pretas importam". Em 2 de junho, mais uma ação de protesto em torno da causa tomou proporções notáveis pela participação de marcas de todos os segmentos, que paralisaram as suas atividades durante a Blackout Tuesday, "terça-feira do apagão". Isto é, vimos empresas abrindo mão de seus objetivos comerciais para dar espaço a posicionamento social. Ali ficou evidente a consciência das marcas de que o papel delas vai além de ser mera fonte de consumo.

Na edição em português do livro *Capitalismo consciente*, de John Mackey (co-CEO do Whole Foods Market) e Raj Sisodia, Flávio Rocha (presidente da Riachuelo) faz a seguinte consideração:

> Acreditar que uma empresa existe somente para lucrar é como confirmar que todo objetivo do ser humano se limita a comer. As pessoas se alimentam para sobreviver e, então, perseguir seus verdadeiros objetivos. O mesmo vale para as empresas: lucrar é preciso, sim, e é primordial, mas a empresa responsável e dona de um propósito gera lucro para viver – não vive para gerar lucro. A escravidão do lucro é como um enredo de uma nota só: empobrece as possibilidades polifônicas de um sistema que valoriza a requintada arte da negociação – qualidade que diferencia o ser humano dos outros animais – e confere à dinâmica dos conflitos, tão natural à vida econômica e social, um certificado de nobreza.[2]

Marcas humanizadas são guiadas por pessoas e não por máquinas. Cada vez mais, a evolução da tecnologia é capaz de cobrir a premissa de automatização e a garantia da eficácia de processos. Ao buscarmos novos colaboradores para guiar as atividades das empresas, não precisamos de máquinas perfeitas, eficientes, rápidas e com habilidades padronizadas, mas de Pessoas – sim, com "P" maiúsculo – que carregam histórias autênticas, que vivem em torno de seus valores pessoais, que possuem habilidades diferenciadas e que pensam e agem de forma humanizada. Com isso, precisamos entender que, se até havia pouco tempo o currículo com aquele velho padrão "graduação completa, curso de inglês e proatividade" era a premissa para a conquista de um emprego, hoje se espera mais de um candidato. Muito além de habilidades técnicas, chamadas de *hard skills* – como domínio de língua estrangeira, operação de máquinas, programação etc. –, as *soft skills*, que são as habilidades comportamentais como comunicação interpessoal, liderança e criatividade, e que moldam efetivamente os diferenciais de uma pessoa, passam a ser enfatizadas. Esse profissional, que é contratado a partir de valores em comum com a empresa, não é incentivado a atuar em processos estabelecidos como na era industrial analógica, mas, sim, a tomar novas frentes e, de forma criativa, empregar as suas competências para inovar o seu campo de atuação, agindo de forma intraempreendedora, isto é, com atitude de dono.

---

2   John Mackey e Raj Sisodia, *Capitalismo consciente: como libertar o espírito heroico dos negócios*, Rio de Janeiro, Alta Books, 2018.

Holacracia e squads para incentivar a diferença

Essa nova configuração do ambiente de trabalho – e que, na verdade, diz sobre todos os outros campos de vivência –, que abriga uma comunidade orientada por um propósito em comum, traz à tona uma nova dinâmica. Uma vez que as pessoas passam a ser valorizadas pelo que são e não pelo que possuem, sejam bens materiais ou bagagem de experiência acadêmica, a concepção de hierarquia, pela qual existem níveis de importância diferentes entre profissionais, cai por terra. Uma orientação baseada pela livre troca, na qual todos possuem voz ativa e autonomia para agir, e são empoderados pela autogestão, atuando de forma sincronizada com vistas aos objetivos coletivos, passa a fazer muito mais sentido. Em 2007, a empresa Ternary Software, na Pennsylvania, implementou um sistema democrático de governança organizacional chamado Holacracia, que, em 2010, teve disseminados os seus princípios e práticas para estimular sua adoção por parte de outras organizações. Basicamente, nesse sistema, as pessoas não se empoderam dos seus cargos, mas, sim, por papéis que são divididos em função de projetos, que condizem com o desenvolvimento do propósito da empresa. Uma pessoa pode ter vários papéis em diferentes projetos e estar envolvida com diferentes equipes, sem que haja qualquer atribuição hierárquica dentro delas.

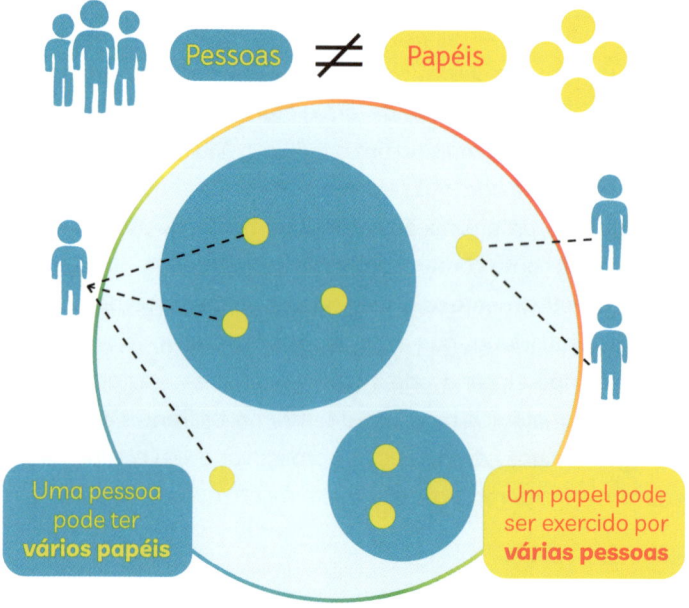

Esse não é o único sistema que contrapõe o modelo hierárquico, existem outras formatações, inclusive híbridas, nas quais ainda são considerados os níveis de importância entre os profissionais; mas, independentemente do modelo organizacional, fato é que caminhamos para uma realidade em que, literalmente, precisamos de pessoas diferentes para realizar papéis diferentes e orientadas por um mesmo propósito, o que significa que os diferenciais dessas pessoas determinam o seu valor.

No livro *Scrum*,[3] que apresenta a metodologia ágil de trabalho em equipe, é explorada a importância da constituição de equipes diversas. O autor, Jeff Sutherland, criador da metodologia, conta sobre a atuação da Salesforce.com, que é tida como uma das "cem melhores empresas para se trabalhar", segundo a *Fortune*, e uma das "empresas mais inovadoras do mundo", no ranking da *Forbes*. Nicola Dourambeis, que é responsável pelas práticas ágeis dentro da Salesforce.com – cujo modelo impactou significativamente a produtividade da empresa –, afirma buscar, na formação dos times, justamente a diversidade de habilidades, pensamentos e experiências, garantindo, assim, equipes autônomas e interfuncionais, capazes de desenvolver um projeto inteiro com começo, meio e fim. E o mais interessante: Dourambeis diz que, para identificar se uma equipe está no caminho certo, basta perguntar a um dos membros em qual time está; se a pessoa responder mencionando o seu papel dentro da equipe e não o projeto em si, há algo de errado. O objetivo coletivo sempre deve ser o foco, os papéis são apenas os meios.

Nas empresas que adotam de fato as metodologias ágeis, as equipes estão organizadas em squads, ou pelotões, e os times passam a ser responsáveis não mais por áreas como marketing ou RH, mas, sim, por processos ou produtos, como, por exemplo, aquisição de clientes.

O Spotify é um exemplo de empresa pioneira nesse tipo de organização. Além dos squads, eles têm outras formas de organização que visam sempre valorizar e incentivar que pessoas que pensam diferente trabalhem juntas, com o mesmo objetivo.

---

3   Jeff Sutherland, *Scrum: a arte de fazer o dobro do trabalho na metade do tempo*, 2. ed., São Paulo, Leya, 2016.

Alguns exemplos de equipes de trabalho que cuidam da capa do aplicativo Spotify na sua versão web:

- **Tribe** (tribo): conjunto de squads que trabalham no mesmo produto.
- **Squads** (pelotões/esquadras): times de operação (kanban) ou desenvolvimento (scrum). Exemplo: álbuns recomendados.
- **Chapter** (capítulo): profissionais com as mesmas habilidades dentro da mesma tribo. Exemplo: programador java, analista de qualidade.
- **Guild** (associação): comunidade de interesse intertribos. Exemplo: internet das coisas.

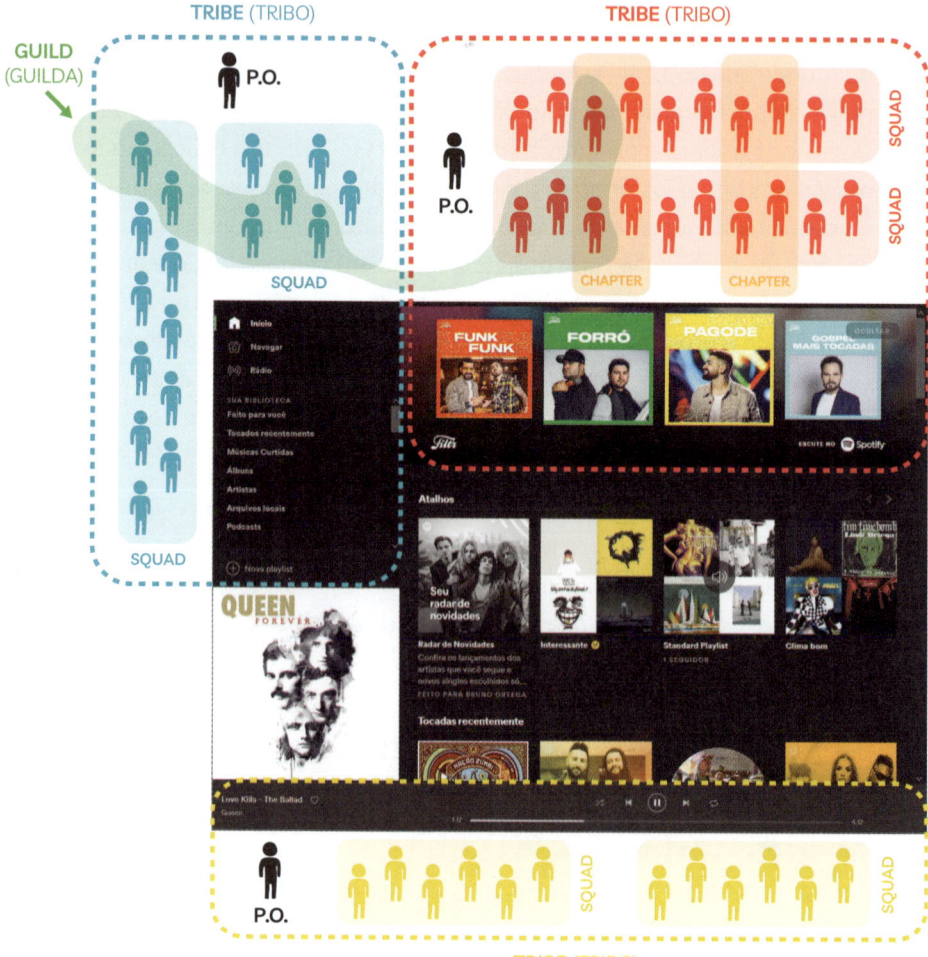

Todos somos empreendedores

Enquanto as empresas buscam perfis diversos e orientados ao intraempreendedorismo, os desafios cada vez mais complexos que vivemos e a volatilidade de um mundo que ganha novas verdades diariamente acarretam um cenário propício para o empreendedorismo. Problemas novos e maiores dependem de respostas criativas e inovadoras; esse é justamente o ponto de Mackey e Sisodia em *Capitalismo consciente*,[4] quando afirmam que os empreendedores solucionam problemas ao imaginar novas formas de como o mundo poderia ser e funcionar: "Conseguem descobrir possibilidades e enriquecer a vida dos outros ao realizar coisas que jamais existiriam". Complementam com a visão da pedagoga Candace Allen, esposa do vencedor do Prêmio Nobel de Economia Vernon Smith, sobre a necessidade de "heróis empreendedores" na sociedade:

> O herói é o representante do novo – o fundador de uma nova era, religião ou cidade; o pioneiro de um inédito modo de vida ou maneira de proteger a comunidade contra o mal; o inventor de revolucionários processos ou produtos que trazem melhorias para as pessoas em suas comunidades e para o mundo. O que vou afirmar aqui é que, no mundo moderno, os criadores de riqueza – os empreendedores –, de fato, abrem caminhos e são tão corajosos e ousados quanto os heróis que enfrentaram dragões ou derrotaram o mal.

Precisamos entender que esse conceito de herói tem sua visão positiva, porém isso não pode ser confundido com alguém que não tem vida, não tem horário ou tem superpoderes. O protagonista da economia da paixão, como veremos na Segunda Parte, tem uma vida leve e saudável.

> **Pessoas se tornam marcas em função do nível de influência que exercem, ressaltando a importância do ser em relação ao ter.**

O que estamos vendo é que não apenas novos negócios nascem, mas pessoas se tornam marcas em função do nível de influência que exercem, ressaltando a importância do ser em relação ao ter. Eis o famoso boom dos influenciadores digitais, pessoas comuns que têm algo a ensinar ou a agregar a partir da oferta de conteúdos, e não necessariamente de produtos.

---

4   Mackey e Sisodia, op. cit.

Em apenas uma semana de março de 2020, durante a pandemia, a SamyRoad – agência global de *influencer marketing* e *social media* – identificou um aumento de 60% na procura de anunciantes por ações com influenciadores. Isso porque essas pessoas carregam enorme reconhecimento de sua autenticidade frente às comunidades com as quais dialogam. Seus diferenciais são claramente reconhecidos, e elas se tornam protagonistas daquilo que fazem e pensam.

Aqui há mais uma consideração importante a ser feita: os microinfluenciadores ganham cada vez mais destaque, por sua fala voltada a nichos de mercado – ou seja, diferenciais ainda mais peculiares –, que se distanciam dos estereótipos massificados sustentados por marcas e celebridades nos últimos anos. De acordo com Ana Tex, especialista em influência digital, 82% das pessoas estão mais propensas a seguirem uma recomendação feita por um microinfluenciador do que por uma celebridade.

Independentemente de onde você esteja atuando, seja como profissional autônomo, no seu próprio negócio, seja dentro de uma empresa, é fundamental entender que, para encontrar as soluções e os caminhos disruptivos necessários, você precisa se apoderar dos seus diferenciais. Entenda aquilo que o torna único a partir do entendimento da sua essência, tenha profundo conhecimento do público com o qual está dialogando e valorize as suas peculiaridades; assim, você estará apto a entregar algo a mais.

Na prática, busque ser e criar "vacas roxas". Se você sempre faz o básico em sua carreira ou produz algo comum, certamente será visto como mais uma entre as milhares de "vacas cinzas" existentes no mundo corporativo e dos negócios. Ser a vaca roxa significa ser inesquecível, único, memorável. O tempo da mesmice terminou, viva a era dos inovadores! Identifique algo que você tem de único, que talvez até imagine como um defeito, e transforme isso em um recurso de valor. Conheci o caso de uma mulher que descobriu ser intolerante à lactose, e isso fez com que ela desenvolvesse uma receita de pão de queijo vegano (à base de inhame) que é uma delícia. Hoje ela vende os pães assados, congelados e até as suas receitas, além de dar cursos, produzir vídeos, ou seja, virou uma autoridade no assunto. É a vaca roxa do pão de queijo vegano!

Hard e soft skills

Em um próximo passo, revise as suas habilidades e entenda que, apesar de as *hard skills* serem importantes, muito provavelmente os seus maiores diferenciais estarão nas *soft skills* – mesmo como meros exemplos, note como temos mais elementos de *soft skills* na tabela a seguir.

HARD SKILLS	SOFT SKILLS
Cursos técnicos, graduação, mestrado, doutorado, especialização, MBA etc.	Comunicação
Conhecimento de línguas	Resiliência e paciência
Habilidade em informática	Ética e proatividade
Experiência em ferramentas e operação de máquinas ou programas	Liderança e espírito de equipe
Desenvolvimento de softwares, produtos, metodologias etc.	Capacidade analítica
	Flexibilidade e dinamismo
	Resolução de conflitos
	Capacidade de persuasão
	Capacidade de trabalhar sob pressão

Por fim, conheça também os diferenciais e atributos do público para o qual você está se direcionando. Aqui, mais uma vez, independentemente da sua função ou da forma de atuação, você deve fazer leituras recorrentes e manter a escuta ativa de seus colegas de trabalho, fornecedores, parceiros e do seu consumidor final, compreendendo em profundidade o seu contexto de atuação. Para isso, considere a metodologia de criação de personas, isto é, personagens que representam os diferentes públicos que você atende, para saber direcionar a sua mensagem e a entrega de forma mais certeira. O ideal será sempre construir uma historinha para formatar bem a imagem da persona; para isso, considere listar as informações do quadro a seguir:

ECONOMIA DA PAIXÃO

PRIMEIRA PARTE

COLE OU DESENHE SEU / SUA CLIENTE		Hobbies:	
		Sonhos:	
		Religião:	
		Redes sociais que usa:	
NOME:		Sites que acessa:	
IDADE:		Filmes a que assiste:	
PROFISSÃO:		Músicas que ouve:	
CIDADE:		Esportes que pratica:	
ESTADO CIVIL:		Férias ideais:	
FILHOS:		Rotina de um dia típico:	

Marcas entregando propósito

A emoção decide. A razão justifica. Essa é a síntese deste capítulo. Na economia da paixão, as qualidades técnicas e emocionais dos produtos e serviços continuam sendo importantes. Mas o consumidor busca mais do que isso: o valor está na experiência.

No mundo hiperconectado, as marcas assumem personalidades não só no design de seus "serdutos" (serviços e produtos integrados), mas no seu tom de voz, nos canais em que elas escolhem aparecer, nas mensagens que produzem, divulgam e apoiam. Com isso, a marca ganha seu princípio humanizado, que a torna capaz de gerar emoções nos públicos com os quais se relaciona – colaboradores, consumidores, fornecedores, parceiros e sociedade como um todo. Entenda que, independentemente de você estar à frente ou não de uma marca como intraempreendedor ou empreendedor, você pode incorporar a mensagem que vamos explorar aqui também para a sua formação pessoal.

Seja qual for a função ou missão de vida, todos somos marcas reconhecidas por diferenciais, propósitos e valores (como vimos no capítulo anterior) – mas todas, invariavelmente, geram sensações nos consumidores. Em última instância, é a experiência emocional que fica.

Mas, se as emoções são tão importantes, a reflexão que fica é: por que não temos aulas e não aprendemos ao menos a reconhecer nossas emoções?

Em 1980, o psicólogo estadunidense Robert Plutchik desenvolveu um recurso gráfico, chamado "Roda das Emoções", com o intuito de fazer com que as pessoas tenham mais facilidade de, pelo menos, reconhecer suas emoções.

Um teste rápido: o que você está sentindo neste momento?

A roda pode ajudar.

ECONOMIA DA PAIXÃO

PRIMEIRA PARTE

Como você está se sentindo?

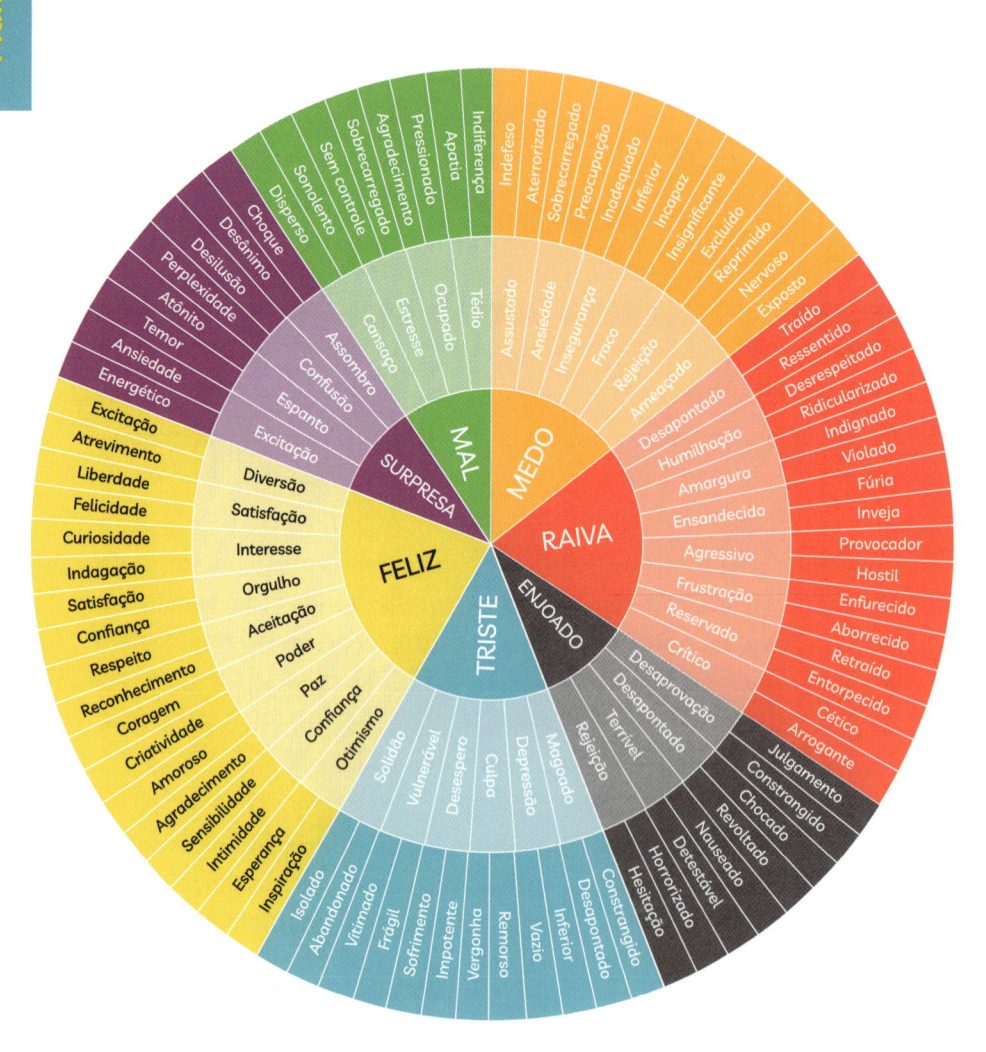

FELIZ
- Excitação / Energético
- Atrevimento / Ansiedade
- Liberdade / Temor
- Felicidade / Atônito
- Curiosidade / Perplexidade
- Indagação / Desilusão
- Satisfação / Desânimo
- Confiança / Choque
- Respeito / Disperso
- Reconhecimento / Sonolento
- Coragem / Sem controle
- Criatividade / Sobrecarregado
- Amoroso / Agradecimento
- Agradecimento / Pressionado
- Sensibilidade / Apatia
- Intimidade / Indiferença
- Esperança
- Inspiração

Diversão, Satisfação, Interesse, Orgulho, Aceitação, Poder, Paz, Confiança, Otimismo

SURPRESA
Excitação, Espanto, Confusão, Assombro, Cansaço, Estresse, Ocupada, Tédio

MAL

MEDO
Assustado, Ansiedade, Insegurança, Fraco, Rejeição, Ameaçado

Indefeso, Aterrorizado, Sobrecarregado, Preocupação, Inadequado, Inferior, Incapaz, Insignificante, Excluído, Reprimido, Nervoso, Exposto

RAIVA
Desapontado, Humilhação, Amargura, Ensandecido, Agressivo, Frustração, Reservado, Crítico, Desaprovação, Desapontado, Terrível, Magoado, Rejeição

Traído, Ressentido, Desrespeitado, Ridicularizado, Indignado, Violado, Fúria, Inveja, Provocador, Hostil, Enfurecido, Aborrecido, Retraído, Entorpecido, Cético, Arrogante, Julgamento, Constrangido, Chocado, Revoltado, Nauseado, Detestável, Horrorizado, Hesitação, Desapontado, Constrangido, Inferior, Vazio, Remorso, Vergonha, Impotente, Sofrimento, Frágil, Vitimado, Abandonado, Isolado

ENJOADO

TRISTE
Solidão, Vulnerável, Desespero, Culpa, Depressão

No centro da figura, temos as emoções chamadas primárias: tristeza, nojo, raiva, felicidade, medo, maldade e surpresa e, a partir destas, os seus desdobramentos em emoções secundárias e terciárias.

Essa roda, hoje, sai do plano pessoal para o plano empresarial. Não se trata de B2C (Business to Consumer) ou de B2B (Business to Business), mas de H2H (Human to Human).

Ao entrar em contato com o call center de sua operadora de celular ou de cartão de crédito, qual emoção você sente?

E ao visitar o perfil da marca no Instagram, qual sentimento você tem?

Na economia da paixão, os aspectos físicos e técnicos continuam sendo importantes – como eram na era das redes. Mas, hoje, são os aspectos emocionais que ficam marcados na memória.

Criando conexões de valor

Esse mesmo caminho de construção de emoções é adotado pelas marcas que entendem que, comportando-se de forma humanizada, aproximando-se e relacionando-se a partir de um viés emocional, podem conquistar um espaço privilegiado na vida das pessoas. Portanto, ao criar uma marca, você provavelmente gastará boa parte do seu tempo pensando no produto e/ou serviço que oferecerá, mas, antes de mais nada, precisará de clareza quanto ao seu propósito e aos valores que deverão nortear as suas ofertas, e às emoções que elas serão capazes de despertar. Da mesma forma, ao preparar um currículo, um profissional deve ter em mente que o seu propósito e os seus valores devem ser capazes de orientar as *hard skills* e *soft skills* que estão sendo listadas para despertar as emoções adequadas no entrevistador.

Se pararmos para refletir sobre algumas das marcas mais icônicas que temos no mundo, rapidamente conseguimos associar certas emoções com as quais elas se relacionam, como, por exemplo, Coca-Cola e felicidade. Faça esse exercício. Conforme o nosso primeiro exemplo fictício, pense em cinco marcas que você admira ou simplesmente estão presentes em sua vida de alguma forma, anote uma emoção que elas despertam em você e de que forma isso se relaciona com algum propósito ou valor seu.

ECONOMIA DA PAIXÃO

Marca	Emoção	Propósito/Valor
Coca-Cola	Felicidade	Felicidade em pequenos/ simples momentos

Quando pensamos em marcas que já existem, esse exercício pode parecer óbvio, mas você deve estar se perguntando como poderia construir esse vínculo entre uma marca e sentimentos. Tudo parte de uma emoção central: a paixão que move uma marca deve estar diretamente relacionada ao centro de seu propósito, que, por sua vez, despertará as emoções que geram a conexão com o seu público. Então, por exemplo, se você é um excelente dançarino, apaixonado pela dança, se sente feliz em dançar e está abrindo um estúdio de jazz com o propósito de tornar a dança uma forma de diversão para todos, emoções como o estresse pelo excesso de rigidez e a rejeição daqueles que não conseguem acompanhar o ritmo das aulas podem criar um ambiente hostil de medo e sobrecarga, o que não representa a sua paixão. Por isso, é preciso ter uma definição muito clara da sua paixão e das emoções que ela desperta em você para que isso alimente um propósito capaz de resultar em serviços e produtos que reflitam sentimentos relacionados às emoções da sua própria paixão e que encontrem o caminho de conexão com o público.

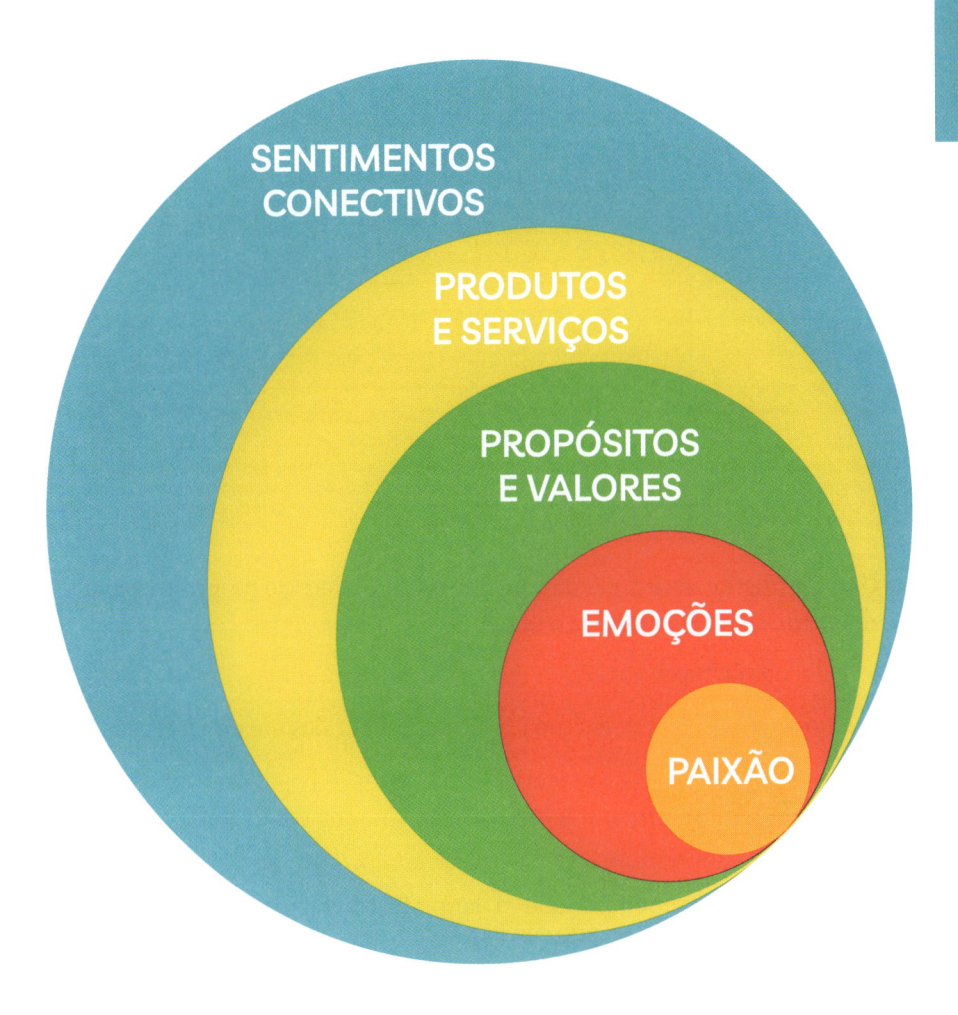

Da economia das redes e do conhecimento à economia da paixão

PRIMEIRA PARTE

- SENTIMENTOS CONECTIVOS
- PRODUTOS E SERVIÇOS
- PROPÓSITOS E VALORES
- EMOÇÕES
- PAIXÃO

ECONOMIA DA PAIXÃO

PRIMEIRA PARTE

O que faz você vibrar?

Reserve alguns minutos para refletir sobre uma paixão sua, aquela atividade que o faz vibrar, e busque na roda das emoções quais são as emoções primárias que essa sua paixão desperta em você. Depois, relacione as emoções secundárias e terciárias que podem ser o gatilho para envolver outras pessoas nessa sua paixão:

Paixão	Emoções primárias (para você)	Emoções secundárias (para você)	Emoções terciárias (despertadas no outro)

Posteriormente, você poderá fazer esse mesmo exercício de forma ampla, refletindo sobre as questões a seguir:

- Qual paixão move você?
- Como as emoções dessa sua paixão são traduzidas em um propósito e um conjunto de valores?
- Como esse propósito e esses valores são entregues por meio dos produtos e/ou serviços que você oferece?
- Quais os sentimentos que a sua oferta desperta? Eles estão relacionados com a essência das emoções que a sua paixão representa para você?

Ao realizar reflexões a partir das paixões, é importante ter em mente a força da diferenciação. Duas pessoas podem nutrir as mesmas paixões, e isso as conectam, mas as emoções que essas paixões despertam em cada uma podem ser completamente diferentes. Esse princípio talvez seja justamente a chave de negócios que podem, inclusive, entregar um mesmo produto e/ou serviço, mas o fazem de forma distinta, isto é, relacionam-se de forma diferente com o público e acabam por entregar ofertas diferentes. Pense, por exemplo, em outras marcas de refrigerante de cola e observe como as mesmas não estão conectadas com a "felicidade", conforme descrevemos no quadro anterior. Esse é um ponto importante, porque reforça como a sua paixão e a sua relação com ela podem ser, de fato, o seu elemento de diferenciação em um mundo no qual não cabe mais o "Ctrl C + Ctrl V" e a verdade de um negócio é o seu maior ativo.

Na mesma medida, é inútil a ideia de que diferentes pessoas se relacionam da mesma forma com as emoções despertadas por uma marca ou mesmo que essas emoções – ainda que positivas – são capazes de cativar a todos. Essa nem deve ser uma ambição. Nesse ponto, se retomarmos a ideia inicial de que pessoas são marcas, a intenção de agradar a todos é definitivamente questionável, mas deixemos esse tema para um próximo capítulo.

Refletir sobre a sua paixão e as emoções que ela desperta não necessariamente significa que você vai criar o seu próprio negócio. Fazer parte da economia da paixão está relacionado a atuar na frequência das emoções que o alimentam e que lhe permitem exercer o melhor que há dentro de você frente às atividades do seu dia a dia. Ao procurarem um emprego, muitas pessoas falham ao ler o descritivo de uma vaga e buscar se encaixar, ou quando, ao participarem de um processo seletivo, se sentem fracassadas ao receber a informação de que foram descartadas do processo em função de não estarem dentro do perfil almejado pela empresa. Costumo dizer que, num cenário como esse, é preciso agradecer e não lamentar, porque é um grande fardo trabalhar em um cargo cuja descrição não condiz com os nossos propósitos e valores, é como viver calçando sapatos que não nos servem.

Sete passos para a experimentação

Conheci Manoel Carlos Júnior por meio da Polo Palestrantes, agência que me representa para contratação de palestras e eventos. Ele era o organizador da programação das viagens de experiências que a Polo proporciona a seu casting. E foi assim, visitando os Emirados Árabes Unidos (Dubai e Abu Dhabi) e também Israel (particularmente Jerusalém, Tel Aviv e Jaffa) que conheci o que o Manoel chama de "Método Experiencialize". Um jeito de você estimular experiências nos pontos de seu cliente, de forma muitas vezes simples, porém poderosa. Vale a pena conhecê-lo (e aplicá-lo!).

1. Causa emocional do seu negócio. Definir qual o sentimento que cria uma conexão emocional entre a sua empresa e o seu cliente. Como já dissemos aqui, uma marca sem alma é apenas mais uma. Portanto, é fundamental que a marca tenha clara a sua causa emocional. O que me fez criar esse negócio?

2. Definida a causa emocional, podemos avançar para o segundo passo: contar a história da sua empresa, fazer o chamado "storytelling". A forma como você explica o que faz, para quem faz. O jeito de contar histórias faz toda a diferença.

3. Criar sensação de pertencimento. O ser humano que vive em sociedade necessita sentir-se parte de algo maior. Por isso, ligamo-nos a tantas instituições como igrejas, clubes, associações etc. Os clubes de relacionamento, programas de fidelidade, customização de brindes fazem parte desse universo.

4. Daí já emendamos para o quarto passo: evocar a memória afetiva, que nada mais é do que associar algum aspecto do seu produto ou serviço a alguma boa memória do passado do seu cliente. Isso é algo que todos temos – um tesouro que precisamos saber recuperar e utilizar.

5. Alinhar os cinco sentidos ao seu ambiente físico de consumo ou de atendimento do seu cliente. Será que a visão, a audição, o olfato, o tato e o paladar estão sendo estimulados de forma integrada, na medida certa, e alinhados à experiência sensorial que pretendemos que o cliente tenha?

6. Atenção máxima aos detalhes! De nada adianta observar todos os passos anteriores se houver problema no momento da execução.

7. Finalmente, chegamos ao sétimo e último passo: provocar o "efeito uau", ou seja, surpreender positivamente o cliente, entregando mais do que ele espera. Uma espécie de cereja do bolo da experiência que irá entregar ao seu cliente.

Segundo Manoel, é por meio das experiências que os relacionamentos são construídos, a consciência da sua marca é ampliada, a lealdade de seus clientes se fortalece, a divulgação boca a boca aumenta, os clientes insatisfeitos mudam de opinião, seu produto ou serviço passa a ser desejado, e isso permite uma margem de lucro maior, aumenta a rentabilidade.

Romantismos à parte, um dos maiores anseios do ser humano é encontrar um motivo para levantar todos os dias. Para isso, passamos um bom tempo em trabalhos e funções que são apenas um meio para alimentar as atividades que são, efetivamente, aquilo que nos dá sentido para viver. Hoje, vivemos um fantástico rompimento de barreiras entre o nosso eu pessoal e profissional e temos a oportunidade de olhar para as nossas paixões pessoais não somente como fonte de receita profissional, mas como caminho para conexões verdadeiras a partir de propósitos e emoções que nos trazem vitalidade. Como marcas guiadas pelo princípio da economia da paixão, podemos oferecer esse espaço para o nosso público; e, enquanto profissionais, podemos estimular esse ciclo que parte de propósitos e desperta emoções.

Assumir vulnerabilidade e compartilhar ousadia

> "Entrar em uma faculdade de elite, quando o seu orientador vocacional no colégio disse que você não era boa o suficiente, quando a sociedade vê crianças negras ou de comunidades rurais como 'não pertencentes' [...]. Eu e muitas outras crianças como eu entramos ali carregando um estigma [...]. Hoje em dia, crianças mais jovens chamam isso de síndrome de impostor. Sentem que não cabem ali, não pertencem. Eu tive de trabalhar duro para superar aquela pergunta que (ainda) faço a mim mesma: 'eu sou boa o suficiente?'. É uma pergunta que me persegue por grande parte da minha vida. 'Estou à altura disso tudo?' 'Estou à altura de ser a primeira-dama dos Estados Unidos?'"
>
> *Michelle Obama, ex-primeira-dama dos Estados Unidos*

O depoimento de Michelle Obama nessa epígrafe, dado em uma visita ao Reino Unido, foi registrado em uma matéria da *BBC News* em dezembro de 2018, que explorou o tema "síndrome do impostor". Nesse mesmo contexto, a psicóloga britânica Rachel Buchan descreveu esse termo psicológico como uma crença interior de que você não é bom o suficiente, ou não pertence a um determinado grupo, e que pode ser manifestada em diferentes esferas da vida – da profissional à pessoal – por razões diversas, como histórico de criação, classe social, raça ou vivências específicas que nos tiram da zona de conforto.

No processo de produção deste livro, minha colega Paula fez um experimento em seu perfil do Instagram: uma sequência de enquetes nos stories, que apresentaram os seguintes resultados:

Você já teve o pensamento de que "eu não sou tão bom quanto as pessoas acham"?	91% dos respondentes declararam SIM
Você já teve a sensação de que, "em algum momento, as pessoas vão descobrir que eu não sou o que elas esperam de mim"?	88% dos respondentes declararam SIM
Você se compara com outras pessoas que acham que estão melhor do que você?	91% dos respondentes declararam SIM
Você se cobra muito pelas metas que estabelece para você mesmo?	92% dos respondentes declararam SIM
Você se permite estar em uma posição vulnerável? Por exemplo: dizer "eu não sei" ou "eu não conheço"?	93% dos respondentes declararam ÀS VEZES

É claro que uma pesquisa realizada assim, numa rede social, é puramente informal e não pode servir de parâmetro para nenhum levantamento de dados.

De qualquer forma, acredito que, se realizarmos uma pesquisa bem fundamentada para investigar o quanto as pessoas se sabotam e se questionam sobre as suas capacidades e merecimento na ocupação dos espaços onde estão, teremos resultados semelhantes a esses altos índices de insegurança. Como seres humanos, é forte o nosso hábito de nos compararmos uns com os outros e, ao fazermos isso, muitas vezes cometemos a injustiça de enxergar no outro somente as competências e compará-las diretamente às nossas limitações. Isto é, olhamos para os méritos do outro sem considerar as dificuldades que estão por trás, e isso porque é muito mais fácil reconhecermos as nossas próprias dificuldades do que as do outro, sobretudo em uma sociedade na qual a exposição da perfeição se sustentou durante tanto tempo e que só mais recentemente passou a ser questionada.

Insegurança e autocobrança

Paula tem uma amiga, a Clara, que é dona de casa. Ela tem três filhos e deixou de exercer a profissão de advogada nos primeiros anos de vida da primeira filha. Desde então, trabalhou incansavelmente todos os dias da semana e do final de semana durante anos para criá-los. A rotina sempre foi muito puxada para levar e buscar os filhos na escola, no médico, nas atividades extracurriculares, acompanhar as lições de casa, fazer café da manhã, almoço, jantar, receber os amiguinhos dos filhos, cuidar da casa, e assim por diante. Quando Clara começou a viver a famosa síndrome do ninho vazio, sensação psicológica de solidão que se dá quando os filhos saem de casa, muitos dos seus amigos e familiares – e eu me encaixo nesse grupo – começaram a estimulá-la a buscar outras atividades para preencher o vazio.

Uma coisa que sempre foi marca registrada de Clara é a sua mão na cozinha: a vida toda ela foi responsável por fazer os bolos de aniversário da família inteira, e só quando saíram de casa os filhos se deram conta da falta que fazia o tempero da mãe no dia a dia. Todos passaram a perguntar: "Clara, por que você não começa a fazer os seus bolos para vender?". E a resposta era sempre parecida: "Ah, não dá! Tem bolo que sai melhor, outros são péssimos, não tenho muito controle... E, afinal, não sou confeiteira, não dá para pôr preço nos meus bolos, não sei vender. Imagina, eu vou concorrer com a Amor aos Pedaços?".

Os supostos péssimos bolos da Clara eu nunca cheguei a provar, mas sei que, aos elogios, ela respondia: "Acho que este não ficou tão bom, eu testei uma farinha nova e não ficou muito fofinho". Claro que esse "não ficou tão bom" sempre foi só o ponto de vista da própria Clara – quanta exigência e autocobrança existiam nela. Clara sempre julgou não ser tão boa em fazer bolo como todos os amigos e familiares pensavam e certamente carregou durante muito tempo – e talvez carregue até hoje – a insegurança de que, ao passar a vender os seus bolos, a sua incompetência fosse desmascarada, principalmente frente a outras marcas e pessoas que seriam os seus concorrentes e que ela sempre supôs estarem acima dela.

Hoje, Clara é dona de uma confeitaria famosa no seu bairro e já recebeu até mesmo algumas propostas para transformar o seu negócio em uma rede de franquias, mas ainda está lidando com os receios decorrentes dessa potencial expansão: "Não sei se consigo... há muita papelada burocrática, o meu negócio é pequeno e só vendo aqui no bairro, não sei vender numa franquia". Mas, para quem não sabia nem vender bolo no bairro, pode ser que, logo mais, ela descubra que também é capaz de vendê-lo em franquias!

Um ponto muito importante na história da Clara é que, de fato, ela não tinha uma formação dentro da área gastronômica e, apesar de seu talento nato para lidar com a cozinha, essa ausência de conhecimento sempre foi uma barreira. Antes de encarar a abertura do negócio, ela fez dois cursos técnicos no Sebrae, um de gastronomia e outro de economia, que foram, definitivamente, o pontapé inicial. Uma das melhores formas de contornar as nossas inseguranças é a busca por conhecimento e reconhecer a necessidade dele, permitindo-se assumir o "eu não sei", fator importante para a evolução. Por isso, em parte, a insegurança se torna positiva, no sentido de nos mover rumo à evolução. Ser bom em alguma coisa não significa ser bom desde o princípio, apenas que existe um aprendizado no processo e, para encará-lo, é preciso haver um ponto de partida. O fato de você ter deficiências e precisar aprender muito não o impede de iniciar um novo projeto. Pois através dele que você encontrará motivação para aprender. Portanto, a busca por evolução constante e formação técnica não deve ser impeditivo, mas, sim, um meio para praticar a economia da paixão.

Além disso, toda a Terceira Parte deste livro traz seu kit de sobrevivência para que você possa estar atento ao mínimo de conhecimento necessário em algumas disciplinas.

Provavelmente, você conhece alguém com perfil semelhante ao da Clara – talvez você próprio. Até arrisco dizer que a maior parte da sociedade já viveu ou vive a síndrome do impostor de alguma forma. Uma pesquisadora inglesa especialista no tema, Kate Atkin, lista a seguinte fórmula para lidar com esse problema:

- Fale sobre o assunto e o que sente. Logo perceberá que não está sozinho e que boa parte das pessoas sente o mesmo que você (e foi por isso que a Paula propôs aqueles stories no Instagram);
- Reconheça o seu sucesso e não atribua o que conquista à sorte ou ao trabalho duro. Sem o seu talento e habilidade, você não alcançaria os mesmos resultados;

- Entenda que ninguém é perfeito e aceite que você vai fracassar em algum momento. Não use o fracasso como um reflexo de quem você é, apenas aprenda com ele;
- Pare de se comparar com os outros, compare-se consigo mesmo para perceber a sua evolução ao longo do tempo.

Eu ainda acrescentaria outros dois pontos nessa lista:

1. Permita-se pedir ajuda! Além da ideia da perfeição nata para o desenvolvimento de uma habilidade, em muitos momentos existe a concepção de que é preciso realizar sozinho e que a necessidade de ser ajudado é sinônimo de incompetência. Ser ajudado e reconhecer que precisa de algo que falta – suporte, conhecimento etc. – não o torna mais frágil, mas, sim, mais potente à medida que você conseguir suprir tais ausências.

2. Ame a quem o ama. Não fique querendo agradar a quem não gosta de você. E valorize a quem o valoriza. Isso só o fortalece e evita que você queira fazer concessões promovendo mudanças que são apenas para buscar uma aprovação desnecessária.

Ousadia de aprender a vender

Poderia ficar aqui enchendo páginas e páginas de casos de amigos que têm um produto incrível, são ótimos profissionais (arquitetos, designers, atores, engenheiros...), mas não conseguem o que querem da vida pois não sabem vender. Como diz meu amigo e mentor, Ricardo Jordão, "vendas curam tudo". Curam casamento, dor, autoestima, saldo bancário, emprego, aluguel, casa própria.

Portanto, você precisa perder o medo ou a vergonha de vender e ter coragem de gritar: "Além de um bom (   ), eu sou um bom vendedor!".

(No espaço, preencha o que você é – médico, padeiro, fisioterapeuta, advogado, massagista, músico, o que for.)

Ou seja, sem saber vender, o dinheiro não entra.

Você tem de fomentar a sua ousadia para fazer as coisas do seu jeito único e incrível. Acredite nisso.

Engana-se quem acha que um bom produto é responsável por trazer dinheiro para dentro de casa. Muitos ótimos profisisonais não têm clientes, e diversos produtos maravilhosos ficam encalhados quando postos na prateleira errada. Para acabar com esse mito, criamos o kit de sobrevivência na Terceira Parte deste livro, em que você vai entender como funciona hoje o processo encadeado de marketing e vendas. Acredite, se você não quer superar essa parte, desista já. Nada, nada, nada sobrevive sem vendas – falaremos mais sobre isso oportunamente.

Vulnerabilidade e coragem

Valorizarmos as próprias habilidades e estarmos aptos a reconhecer o que precisamos desenvolver, aprimorar ou de que forma necessitamos ser ajudados nos exige encarar a vulnerabilidade. Os dicionários são claros: estar vulnerável significa "estar frágil, tender a ser magoado, danificado ou derrotado, ferido ou destruído". Palavras fortes, não? Mas é exatamente isso.

Uma das pesquisadoras que mais se destacaram nos últimos tempos foi Brené Brown: além de escrever uma série de livros de sucesso, o seu TED "O poder da vulnerabilidade" foi parar na Netflix e se tornou um fenômeno. Brown associa a vulnerabilidade à coragem de estar numa arena e permitir-se encarar batalhas, pondo-se em uma posição desconfortável sem saber o resultado dessa exposição, mas entendendo que só assim é possível se chegar à vitória. Um outro ponto muito interessante que Brown explora é a relação com a perfeição, a ideia de que precisamos nascer prontos para ser bom em algo. "Somos o que queremos ser." E Brown é cirúrgica ao destacar o lado perverso do perfeccionismo como "um sistema de crença autodestrutivo e viciante, que alimenta este pensamento primário: se eu parecer perfeito e fizer tudo com perfeição, posso evitar ou minimizar os sentimentos dolorosos de vergonha, julgamento e culpa".

> **O perfeccionismo é um sistema de crença autodestrutivo e viciante que visa evitar ou minimizar os sentimentos de vergonha, julgamento e culpa.**

A coragem é uma palavra importante para se ter em mente quando falamos da economia da paixão. Além das inseguranças, é muito natural não reconhecer habilidades e talentos como algo de valor. Muitos paralisam na hora de pensar qualquer forma de monetizar aquilo que faz por paixão. Voltando ao caso da Clara, por exemplo. Os amigos e familiares sempre viam mais valor nos bolos dela do que ela mesma, porque muitos de nós mal sabemos fritar um ovo. Já para Clara, cozinhar sempre foi natural, parte de seu cotidiano, algo que ela fez durante a vida toda, da mesma forma como sempre limpou a casa e levou os filhos para a escola. Nesse sentido, você deve conhecer algumas pessoas que são muito boas em fazer algo e doam essa habilidade livremente – mas não têm coragem de transformar isso em negócio e aprender a vendê-lo para fazer a diferença no mundo.

Existe uma fábula chamada *O cavaleiro preso na armadura*, escrita pelo americano Robert Fisher, que fala sobre um cavaleiro que sempre buscou agradar aos outros e acabou preso em sua armadura – a qual nunca tirava para estar sempre pronto a ajudar. Ao longo da trajetória do cavaleiro para se livrar da armadura, ele é orientado por um mago e passa por uma série de aprendizados voltados a um profundo autoconhecimento. Uma das primeiras coisas que o mago diz ao cavaleiro é que, primeiro, ele precisa aprender a amar a si mesmo para que o outro possa amá-lo e ele possa amar o outro também; para isso, é preciso conhecer e reconhecer quem é sem as barreiras de querer aparentar aquilo que quer que o outro enxergue.

Fortalecendo seus pontos fortes

O primeiro passo para exercitar a economia da paixão é reconhecer habilidades e valorizá-las. Para isso, o seu próprio autoconhecimento e o conhecimento daquilo que oferta, contemplando toda a análise de propósito e diferenciais que já discutimos, são fundamentais. Somente à medida que admitir para si mesmo o valor e a força de trabalho que existem no que faz com paixão, você estará apto a ganhar a vida com o que ama fazer.

Essa visão de valorizar os pontos fortes vem ganhando força até em grandes corporações. Em 1987, David Cooperrider e Suresh Srivastava publicaram um artigo, que é referência nessa área, apresentando o conceito de investigação apreciativa. O modelo consiste no ciclo dos 4Ds – descoberta, sonho (do inglês *dream*), design e destino – e sugere que as empresas, em seus processos de planejamento, não olhem para os problemas, mas, sim, descubram suas principais fortalezas de forma que os problemas se tornem irrelevantes. Empresas como a Nutrimental, no Brasil, adotaram esse modelo de planejamento com sucesso.

Ainda no caso da Clara, uma das coisas que a encorajou a começar a vender os seus bolos foi reconhecer o valor que ela tinha nos aniversários e como os mesmos sentimentos de prazer e realização que ela tem ao fazer o bolo são percebidos e igualmente incorporados pelas pessoas a cada fatia consumida, o que contribui para a alegria do ambiente. Eis o princípio circular da economia da paixão: como com qualquer sentimento, você retribui aquilo que sente!

```
                    PAIXÃO

   RECEPÇÃO                    COMPARTILHAMENTO
   DA PAIXÃO                       DA PAIXÃO
  (CONSUMIDOR)                    (VENDEDOR)

                    OFERTA
```

ECONOMIA DA PAIXÃO

PRIMEIRA PARTE

Mais adiante falaremos com mais detalhes sobre processos de venda, mas, para começar a exercitar o seu discurso vendedor e empoderá-lo, pense sobre os pontos a seguir. Para facilitar, temos na primeira coluna o negócio da Clara como referência. Vale lembrar que esse mesmo exercício, assim como todas as demais reflexões, também pode ser aplicado ao seu desenvolvimento pessoal. Dessa forma, você poderá optar por estabelecer a si mesmo como "produto" desse exercício.

	BOLOS DA CLARA	SEU NEGÓCIO
Quais são as principais características da sua oferta?	Saborosos e bem generosos. Têm apresentação apetitosa. Caseiros e feitos de forma personalizada.	
Como essas características encantam você?	Cada bolo tem uma história e sabor, cada receita é inventada e realizada com amor, provocando renovação e realização para Clara.	
Como essas características podem encantar outras pessoas?	Cada pedaço de um bolo é uma surpresa e um carinho que trazem enorme prazer.	
Como essas características influenciam as pessoas?	O prazer do sabor do bolo da Clara faz qualquer momento ser transformado em alegria.	

Mais um lembrete importante aqui! O último ponto desse exercício é muito relevante. Quando falamos sobre conexão de consumidores com marcas em função de propósitos, devemos entender que as pessoas esperam que as marcas possam influenciá-las de alguma forma. Isto é, a atuação de um negócio – tanto a partir de suas ofertas quanto de ações – deve movimentar aprendizados, emoções ou qualquer que seja a provocação, e tudo isso parte de como a sua paixão exerce influência em você mesmo.

Permita-se fazer o que você ama, aprofundar-se cada vez mais nisso por meio do autoconhecimento e se orgulhar de quem é e do que faz, aceite as suas vulnerabilidades como meio de aprendizado constante e não se preocupe em querer agradar a todos, apenas exercite a empatia para entender as diferentes forças de influência que a sua paixão é capaz de provocar!

SEGUNDA PARTE

Atributos do protagonista da economia da paixão

Mudanças trazem oportunidades. Uma delas é aproveitarmos tudo o que temos à disposição para pensar em nós, em quem somos, no que amamos e no que podemos fazer com o melhor de cada um de nós.

Se na Primeira Parte deste livro a intenção foi buscar uma visão mais ampla sobre o que acontece no mundo, agora o pensamento é totalmente voltado para cada pessoa em particular. A ideia é ajudar cada uma a olhar para dentro de si, a descobrir o que tem de melhor, a reconhecer o que move sua vida e a perceber que é possível aproveitar essa descoberta para crescer e evoluir.

Aqui estão as ferramentas para que você se torne um escultor de você, transformando sua vida em arte e fazendo dessa arte uma vida mais feliz. E, aqui, não há nada de romântico, mas muito de real possibilidade.

O protagonista dessa economia precisa ter alguns atributos, que podem ser desenvolvidos ou fortalecidos de forma ilimitada. Cada um pode subir a montanha até a altura que quiser. Quanto mais alto, mais esforço e preparação você precisa ter para chegar lá. Não esqueça: tudo vale a pena se a alma não é pequena.

Portanto, divirta-se ao longo do caminho. *Make money and have fun!*

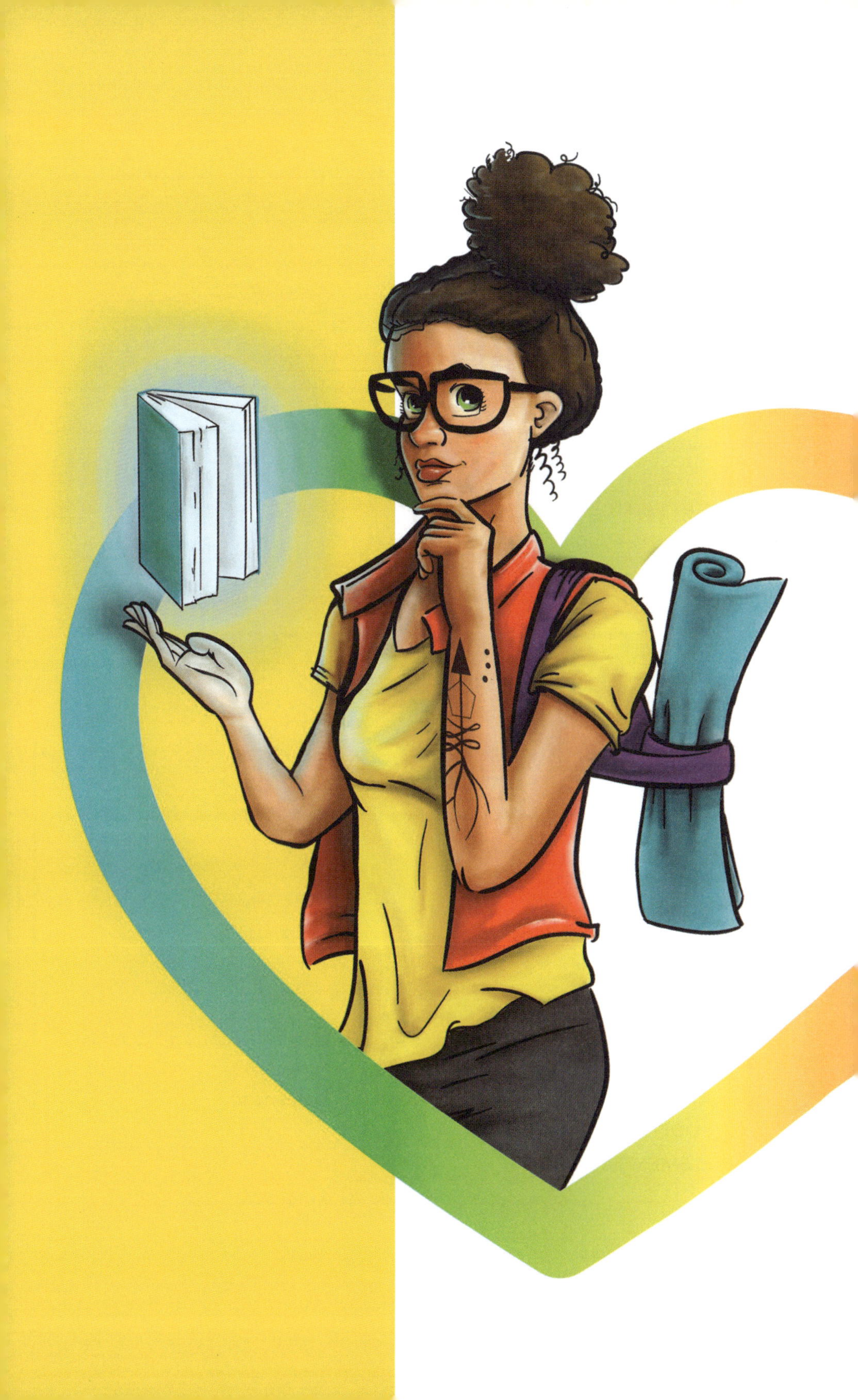

ECONOMIA DA PAIXÃO

Protagonista da economia da paixão

SEGUNDA PARTE

ATITUDE: Abraça a vida criativa sem medo
PODER: Criatividade
ELEMENTO: Livro mágico
"Tudo que imagina e desenha se realiza."

ATITUDE: Vive seu *Ikigai*
PODER: Propósito
ELEMENTO: Colete
"Veste a camisa de fazer o que ama e tem bons hábitos. Protege você."

ATITUDE: Está em busca do fluxo
PODER: Resiliência e antifragilidade
ELEMENTO: Tatuagem
"Está marcado na pele (é um exemplo de antifrágil, de resiliência, de adaptação)."

ATITUDE: Pratica autocuidado e sabe que é preciso aprender ao longo da vida
PODER: Autoconhecimento
ELEMENTO: Tapete de Yoga
"Apoia nas descobertas, tem poder regenerador, abre caminhos."

ATITUDE: Exercita diferentes formas de pensar
PODER: Design
ELEMENTO: Óculos
"Diferentes formas de ver o mundo."

Atributos do protagonista da economia da paixão

SEGUNDA PARTE

DESIGN
ÓCULOS
Diferentes formas de ver o mundo.

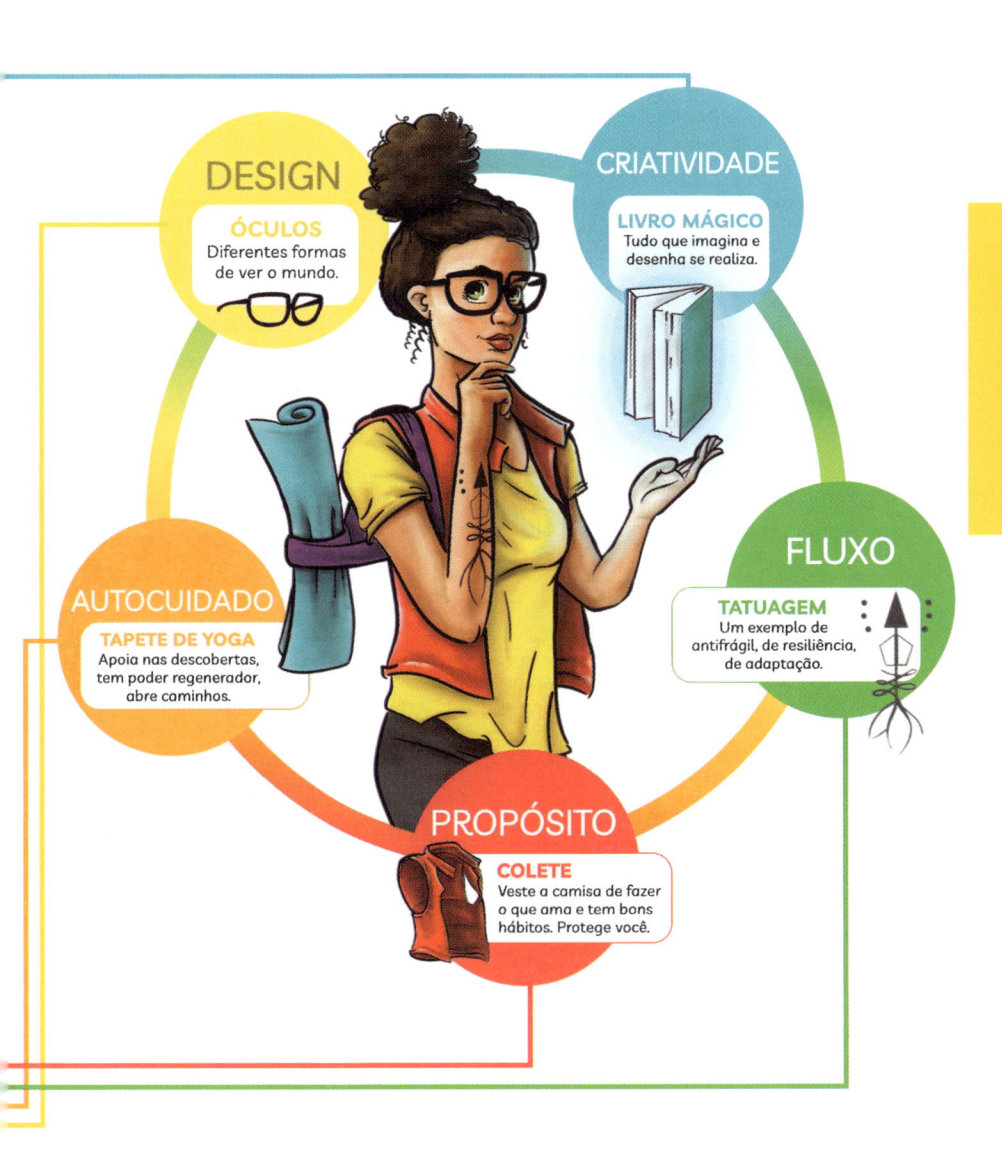

CRIATIVIDADE
LIVRO MÁGICO
Tudo que imagina e desenha se realiza.

FLUXO
TATUAGEM
Um exemplo de antifrágil, de resiliência, de adaptação.

AUTOCUIDADO
TAPETE DE YOGA
Apoia nas descobertas, tem poder regenerador, abre caminhos.

PROPÓSITO
COLETE
Veste a camisa de fazer o que ama e tem bons hábitos. Protege você.

Abraça a vida criativa sem medo (criatividade)

Livro Mágico

Como, de fato, conhecer, assumir e pôr em prática os nossos diferenciais? Como fazer com que a vergonha e a insegurança se transformem em coragem e confiança?

Eu encontrei a resposta a partir da leitura de *Grande magia*.[5] Nele, a autora Elizabeth Gilbert faz uma reflexão sobre a jornada de autoconhecimento:

> *Não conheço suas capacidades, suas aspirações, seus desejos, seus talentos secretos, mas há certamente algo maravilhoso guardado dentro de você. Digo isso com total confiança, pois acredito que somos todos repositórios ambulantes de tesouros escondidos. Acredito que essa seja uma das peças mais antigas e generosas que o universo vem pregando em nós, seres humanos, tanto para a sua diversão quanto para a nossa. Ele enterra estranhas joias bem no fundo de todos nós e depois se afasta e fica observando, para ver se conseguimos encontrá-las.*

Há certamente algo maravilhoso guardado dentro de você.

O relato de Gilbert me parece revelador, pois ela era criticada quando não passava de uma escritora desconhecida e continuou sendo criticada depois do estrondoso sucesso de *Comer, rezar, amar*. Ou seja, nesse caso, estamos todos no mesmo barco, estamos falando de um caminho de descobertas, que depende da nossa missão de buscar a paixão e exercitar a criatividade para torná-la uma atividade em constantes movimento e aprimoramento. Tenho um vídeo no meu canal do YouTube sobre esse livro, que, sem dúvida, mudou minha vida: *https://www.youtube.com/watch?v=ZFiN7gV6U0k*.

O psicólogo americano Abraham Maslow ficou conhecido pela pirâmide da hierarquia das necessidades, além de ser considerado um dos maiores estudiosos da criatividade. É dele uma frase que adoro repetir: "O homem criativo não é aquele ao qual se acrescentou algo. Mas aquele do qual não se retirou nada".

---

5 Elizabeth Gilbert, *Grande magia: vida criativa sem medo*, trad. Renata Telles, Rio de Janeiro, Objetiva, 2015.

Atributos do protagonista da economia da paixão

Sim, a criatividade é de todos. A criatividade é para todos. Precisamos acabar com esse mito de que a criatividade é direito exclusivo de profissionais do ramo criativo, como pintores ou compositores.

Por que um artista pode se inspirar em uma pessoa e reproduzi-la em tela através de um olhar completamente disruptivo e uma nutricionista não pode se inspirar num quadro de Van Gogh para criar um novo cardápio?

A economia da paixão carece de mais advogados, médicos, treinadores, cabeleireiros, esteticistas, educadores etc. criativos.

Quantas não são as pessoas que trabalham dia e noite sustentando uma profunda infelicidade e falta de conexão com aquilo que produzem, e, aos finais de semana, relaxam com um hobby que poderia ser, de fato, o seu trabalho? Arrisco dizer que, neste momento, veio à sua mente pelo menos uma pessoa que se encaixa nisso – talvez você mesmo! O maior problema desse status é que, quando ideias e oportunidades aparecem para essas pessoas, muitas vezes elas não as enxergam. É preciso estar aberto para a criatividade se estabelecer e nos guiar por meio de paixões.

Parte dessa falta de iniciativa também está ancorada na falta de conhecimento – não temos empreendedorismo, nem liderança, nem inteligência emocional, isso tanto no currículo escolar quanto no ensino superior (eles existem apenas nos cursos de administração e marketing). Falta de coragem e inseguranças internas e externas que carregamos também têm peso nesse sentido. Uma certa fantasia e até ditos populares nos fazem acreditar que aquilo que amamos fazer é sempre fácil, leve e descomplicado, mas, feliz ou infelizmente, precisamos desconstruir essa crença.

A verdade crua é que fazer o que você ama não o desobriga de fazer o que deve ser feito.

Criatividade não vem do acaso. Vem de #hardwork, como nos ensina papai Murilo Gun. E nem tudo o que fazemos acontece do jeito que queremos. E isso não tem importância, pois mais importante do que o acontecimento é a forma como respondemos a ele. Nesse sentido, é preciso não se armar de respostas tentando manter alguma segurança, isso nos faz vestir armaduras que tiram a flexibilidade que nos move rumo às soluções

A verdade crua é que fazer o que você ama não o desobriga de fazer o que deve ser feito.

diferentes daquelas que nos levam para caminhos já conhecidos, mas que não necessariamente são os melhores.

É claro que, ao nos arriscarmos a novas possibilidades, podemos tropeçar ou retroceder, mas isso jamais deve ser tido como um erro ou um tempo perdido. O contato com a falha é fonte de fortalecimento e, com bom humor, também pode ser um momento de descontração. Na medida em que nos permitimos rir dos próprios erros e encarar defeitos, nós os vencemos e os tornamos ativos tão fortes quanto as habilidades. Afinal, os diferenciais estão naquilo que temos de bom, mas também de ruim; o segredo está na forma como usamos esses recursos.

Nenhuma jornada é igual a outra, não existem fórmulas ou receitas de bolo, e é justamente por isso que se permitir a vida criativa é importante. A sua caminhada será sempre única, mas isso não significa que você não pode buscar referências como fonte de inspiração. Mais uma vez, vale dizer que a economia da paixão não necessariamente diz sobre você criar um negócio, mas, sim, sobre viver daquilo que você ama.

Por isso, por exemplo, se você é um profissional que trabalha dentro de uma empresa e está buscando o seu propósito, poderá se inspirar em outras pessoas, entre as quais desde figuras públicas, como Barack Obama e Bill Gates, até o seu chefe ou mesmo um membro da sua família. É interessante sempre listar o que naquela pessoa ou negócio você admira e como isso se relaciona com as suas crenças pessoais. Se você gosta da forma como a sua chefe lidera, pode estudar as características da liderança dela e buscar desenvolver essas habilidades em você, até mesmo pedindo o suporte dela.

Assumir a responsabilidade pela jornada
O grande ponto de alerta aqui está no fato de que, independentemente de quais são as suas referências, nenhuma pessoa deve ser responsável pela direção da sua jornada além de você mesmo.

Estabeleça de forma convicta quais são os seus propósitos e valores, e não permita que outras pessoas intervenham ou abalem a sua verdade. Ao longo de toda a nossa vida, é muito natural estarmos cercados de opiniões. Quando você estava em fase de crescimento, alguma tia pode ter falado para a sua mãe que você estava demorando muito para aprender a andar; depois, um outro parente talvez tenha comentado que você aprendeu a ler muito rápido e que isso poderia ser um problema; mais tarde, a sua introspecção durante a adolescência pode ter sido apontada como uma característica estranha por alguém; na hora em que você decidiu pela sua faculdade, certamente foram várias as opiniões, desde o "ótima escolha, tal pessoa se formou nisso e hoje está bilionária", ou "é melhor pensar direitinho, essa é uma área difícil de conseguir emprego", até o "nossa, mas será que isso tem mesmo a ver com você?".

Não devemos olhar o mundo através das lentes universais do certo ou do errado, mas, sim, através de perspectivas individuais. Somente você é capaz de conceber o que é o seu certo e aquilo que funciona para você. Partindo dessa visão, entendemos que jamais será possível agradar a tudo e a todos. Qualquer que seja a sua ação, por melhor ou pior que seja, sempre existirá mais de uma forma de interpretá-la, mas a única que deve ter valor para você é a sua própria. Ao agir de acordo com a sua verdade, você constrói a sua fortaleza e se permite evoluir constantemente para encontrar o seu objetivo. Agora, se age em função da verdade do outro, dificilmente conseguirá recursos para evoluir, porque sempre estará inseguro por depender de alguém para direcionar a sua rota, e, o que é pior, provavelmente não vai chegar ao encontro do que busca, porque o que é seu, somente você é capaz de encontrar. Pessoas que são mentores e inspirações, portanto, trazem segurança; na mesma medida, devemos evitar que a insegurança do outro influencie a nossa jornada. No entanto, é inevitável que a vida criativa, partindo das incertezas e de ousadia que ela exige, não esteja diretamente atrelada ao medo. O medo é elemento fundamental do processo e, apesar de não poder evitá-lo, é possível controlá-lo.

Se recorrermos ao dicionário, vamos encontrar a palavra medo descrita justamente como a "possibilidade de um insucesso", mas o fato é que isso se torna inevitável quando fazemos algo diferente daquilo a que estamos habituados, sendo essa a única fórmula para o crescimento. Não resta outra saída, é preciso encarar o medo. Mais do que isso, é preciso apreciar o medo como sinal de vivacidade e jamais permitir que ele se torne um bloqueador, mas, sim, um motivador. A cada medo superado, você estará em um novo lugar, pronto para lidar com um novo medo. É como dizem: "Sem frio na barriga, a vida não tem graça". Mas, calma, ninguém está falando sobre congelar o estômago! Também faz parte do autoconhecimento – que está diretamente relacionado à economia da paixão – respeitar os próprios limites e o tempo de desenvolvimento.

> **Não resta outra saída, é preciso encarar o medo. A cada medo superado, você estará em um novo lugar, pronto para lidar com um novo medo.**

Da mesma maneira, é importante lembrar que você é 100% responsável por suas escolhas e pelos resultados que apresenta, pela situação em que se encontra hoje. Não há medo que justifique qualquer coisa contrária a isso.

Vencer as diferentes faces do medo

A coragem só nasce quando superamos um medo, e há múltiplos contextos que provocam diferentes formas de medo. Olhar para o lado e entender que a coragem daquelas pessoas que você mais admira e que parecem sempre tão preparadas nasceu justamente de medos – ainda que diferentes dos seus – pode aliviar. Tente perguntar para algumas dessas pessoas sobre os seus receios e você poderá constatar isso facilmente.

Ao listar vários possíveis medos que assombram as pessoas, Elizabeth Gilbert nos faz enxergar como, basicamente, todas as condições podem ser motivos de medo: medo de não ter nenhum talento, de ser rejeitado, criticado, ridicularizado, incompreendido, ignorado, de fazer algo que alguém no mundo já tenha feito melhor, de não ser levado a sério, de ter negligenciado a sua criatividade por tanto tempo que, agora, nunca mais vai conseguir recuperá-la, de ser velho ou jovem demais, e assim por diante. Podemos dizer que é praticamente impossível não ter algum tipo de medo, mas, diante dele, a racionalização poderá ser uma boa prática.

Um medo muito comum e que justifica o fato de buscarmos muito a opinião dos outros, em vez de nos centrarmos em nossas próprias verdades, é o de magoar aqueles que amamos. É um medo muito legítimo e, com frequência, autêntico. Por exemplo: famílias que não apoiam um jovem que quer seguir uma carreira que não condiz com as expectativas que foram traçadas para ele. Acontece que sustentar a verdade do outro em vez de conquistar a coragem de superar o medo de viver a própria verdade dificilmente o levará ao encontro da felicidade; esse, sim, deveria ser o maior medo de quem nos ama.

Um outro medo é acreditar que não existe mercado para a sua criatividade e que, assim, ela não vale a pena. Como vimos no capítulo anterior, este também é um medo legítimo, de modo que é fundamental conhecer e entender o público ao qual nos direcionamos. Uma grande empresa de bens de consumo jamais vai lançar um novo sabor ousado de bolacha recheada sem antes fazer uma pesquisa de mercado que indique o sucesso da novidade. Agora, o que ela pode descobrir é que, ao lançar esse novo sabor, poderá não somente agradar ao seu público atual, como conquistar novos públicos que não consomem os demais sabores existentes. Permita-se explorar a sua paixão e realmente entender como ela pode ser valiosa para tantas outras pessoas. Aquilo que você faz motivado por uma paixão dificilmente não será suficiente para impactar alguém.

Também podemos falar do medo de ter a sua ideia roubada, a ponto de querer mantê-la a sete chaves. Acontece que, se pararmos para pensar, para a sociedade é melhor uma boa ideia ser roubada e implementada do que mantida na gaveta. De qualquer forma, esse não é o racional ideal. Como falamos no início do capítulo anterior, precisamos romper com a concepção de posse da era industrial e entender o mundo como um plano colaborativo. Entenda que o simples fato de conceber algo com verdade já atribui autenticidade ao que está sendo criado. Não queira manter qualquer controle. Quando você bloqueia algo que cria, está bloqueando o princípio da economia da paixão, que justamente faz a sua paixão atingir outras pessoas e voltar a você de forma ainda mais potente e recompensadora.

Mais um medo que é muito comum, como um princípio de autossabotagem, é estabelecer as nossas condições como adversas: falta de dinheiro, falta de tempo etc. Ninguém precisa viver no mundo ideal para pôr em prática as suas paixões. A vida criativa diz sobre um ciclo construtivo contínuo, o que também podemos chamar de *lab mindset*, isto é, viver um constante laboratório. O que está sendo feito hoje pode ser apenas um teste, que nos traz aprendizados os quais, por sua vez, poderão motivar próximos passos, e assim, pouco a pouco, as coisas vão sendo construídas de forma bem fundamentada. O que quero dizer é que, para se tornar um bom padeiro, você não precisa ser dono da melhor padaria da cidade: de fornada em fornada, poderá construir a melhor padaria da cidade.

É possível que, neste ponto, você possa ter se identificado com alguns desses medos. Permita-se fazer uma lista deles e/ou de outros medos com os quais se identifica e busque racionalizá-los como fizemos com alguns anteriores.

Lista de medos	

Agora, como complemento da sua listagem de medos, exercite mais algumas reflexões:

- Há alguma coisa que você faz hoje e que poderia fazer de forma diferente e mais criativa?
- Como você reage à opinião de outras pessoas? São verdades ou simplesmente opiniões?
- Você se permite refletir sobre novas ideias, por mais malucas que sejam?
- Você compartilha as suas ideias?
- Como você reage a cada um dos seus medos: busca soluções ou justificativas para não superá-los?
- Como você pode buscar coragem para superar os seus medos (por exemplo: estudar mais um assunto que o deixa inseguro etc.)?

Um novo dia significa um novo começo e novas oportunidades. Tudo bem se faltar coragem um dia ou outro; mesmo vivendo plenamente a sua paixão, não queira ser super-herói, mas permita-se sempre abrir uma nova página em branco e começar uma nova história completamente diferente, enfrentando novos desafios e conquistando novas bagagens e formas de coragem. Nesse caminho, você fortalecerá o sentido do seu propósito e poderá esbarrar em pessoas capazes de agregar para a construção da sua paixão. Como um bom exemplo, temos aqui o autor e as coautoras deste livro, que o universo cuidou de reunir em função de um propósito em comum: a economia da paixão! E, agora, esse circuito também atraiu você, leitor, que só de estar dedicando tempo a esta leitura já faz vibrar a sua paixão!

Vive o seu *Ikigai* (propósito)

Colete

O *Ikigai* é uma expressão japonesa que significa sua "razão de ser" ou quando você descobre o motivo que o faz levantar da cama todos os dias. Os japoneses acreditam que todos nós possuímos um *Ikigai* em nosso interior e devemos descobri-lo, torná-lo nosso e carregá-lo sempre. É como um objetivo-chave para nos afastar da desesperança e lidar com as adversidades, relacionado à felicidade de viver a partir da trilha do autoconhecimento.

Descobri esse conceito em Abu Dhabi, numa livraria, por meio do livro *Ikigai: os segredos dos japoneses para uma vida longa e feliz*,[6] quando ainda não tinha sido lançado no Brasil. Fiquei tão impressionado que devorei o livro no tempo que tinha no hotel e no voo de volta. E, de pronto, criei na ESPM São Paulo um curso sobre o tema em 2018.

Essa filosofia parte do princípio de que não criamos sentido para a nossa existência, mas, sim, descobrimos esse sentido quando unimos quatro elementos: paixão, missão, vocação e profissão. Isto é, aquilo que você ama, no que você é bom, o que o mundo precisa e pelo que você pode ser pago. A ideia é que, reunindo partes isoladas desses elementos, como, por exemplo, missão e vocação ou profissão e paixão, você pode atingir uma vida agradável, produtiva ou mesmo plena. Uma vida pautada em significado depende do equilíbrio de todos eles.

....
6 Héctor García e Francesc Miralles, *Ikigai: os segredos dos japoneses para uma vida longa e feliz*, Rio de Janeiro, Intrínseca, 2018.

Atributos do protagonista da economia da paixão

IKIGAI

Conceito japonês que significa "uma razão para viver"

Satisfação, mas sensação de inutilidade

O que você **ama**

Prazer e plenitude, mas nenhuma riqueza

No que você é **bom**

PAIXÃO

MISSÃO

IKIGAI

Do que o mundo **precisa**

PROFISSÃO

VOCAÇÃO

Confortável, mas sensação de vazio

Pelo que você pode ser **pago**

Excitação e complacência, mas sensação de incerteza

Extraído do livro Ikigai, de García e Miralles

SEGUNDA PARTE

Não é fácil definir verdadeiramente o que significa cada um desses elementos para nós mesmos. Por isso, a construção do *Ikigai* sugere um profundo autoconhecimento e exercício de reflexão – não se preocupe, mais adiante mostraremos um passo a passo de como você pode encontrar o seu *Ikigai*! No entanto, a partir do momento em que você encontra o seu *Ikigai* e passa a viver uma vida com significado, aquele sentimento de vazio que existia mesmo quando a vida parecia "cheia" desaparece, inclusive diante de dificuldades e contratempos. Essa é, enfim, a felicidade, não ter uma vida perfeita e cheia de ganhos, mas uma vida na qual superar as falhas e os erros também traz sentido para a nossa existência e reflete longevidade.

O filósofo grego Epicteto já dizia: "Não busque a felicidade fora, mas, sim, dentro de você. Caso contrário, nunca a encontrará". Certamente jamais devemos buscar ou esperar de alguma forma que um relacionamento, seja ele qual for, seja a fonte da nossa felicidade, mas alimentar bons relacionamentos é, sem dúvida, um caminho para conquistá-la.

Desde que vivemos e compreendemos a finitude da vida, buscamos entender não somente o propósito dela – a famosa questão com que, provavelmente, você já se deparou: "O que estamos fazendo aqui?" –, mas também seus segredos, se é que podemos chamar assim, para torná-la mais feliz e mais longa, afinal de contas, se existe um fim, também existe o pressuposto de se aproveitar a vida ao máximo e buscar postergar o seu encerramento. O que demoramos a descobrir é como essas duas variáveis, felicidade e longevidade, decisivas para a construção do *Ikigai*, também se relacionam diretamente entre si.

Blue zones

Cientistas e demógrafos já mapearam o que chamamos de zonas azuis, regiões no mundo onde estão as pessoas mais longevas, com baixos índices de doenças e alta qualidade de vida e bem-estar. No livro *Zonas azuis*,[7] o autor, Dan Buettner, busca analisar os principais fatores do estilo de vida nesses locais que possam justificar essas condições tão favoráveis:

1. **Okinawa, Japão (principalmente no norte)**: essa ilha consegue ter a maior expectativa média de vida do mundo, superior, inclusive, à média nacional. É o lugar onde as mulheres têm a existência mais longa e livre de doenças. A dieta local inclui muitas verduras e tofu, e seus habitantes comem em pratos pequenos. Além da filosofia *Ikigai*, os habitantes de Okinawa praticam seriamente o conceito de *moai*, que diz sobre o convívio com grupo de amigos muito próximos.

2. **Sardenha, Itália (especificamente as províncias de Nuoro e Ogliastra)**: nessa região, consomem-se muitas verduras e vinho. As comunidades são bem unidas, e essa é uma das principais justificativas para a longevidade.

---

[7] Dan Buettner, *Zonas azuis: a solução para comer e viver como os povos mais saudáveis do planeta*, São Paulo, nVersos, 2018.

3. **Loma Linda, Califórnia**: esse é um dos lugares onde existe a maior concentração de adventistas no mundo, o que acarreta uma cultura de união do povo e alimentação vegetariana predominante, além de um forte controle na venda de fumo, álcool e carnes.
4. **Península de Nicoya, Costa Rica**: boa parte dos nativos dessa região passa dos 90 anos de idade com uma vitalidade admirável; levantam-se às 5h30 da manhã, sem grandes dificuldades, motivados pela missão diária do trabalho no campo.
5. **Icária, Grécia**: não à toa, essa região próxima à costa turca é chamada de "ilha da longevidade", uma vez que, aproximadamente, um em cada três habitantes tem mais de 90 anos. Um dos segredos está na manutenção de um estilo de vida existente desde o ano 500 a.C., em que hábitos da sociedade moderna, como o fast-food, passam longe.

Analisando em âmbito geral as características em comum predominantes entre as zonas azuis, encontramos basicamente dois aspectos: hábitos saudáveis, em particular relacionados à alimentação, e vida social.

Hábitos de Okinawa

A dieta local e os hábitos saudáveis são, segundo os cientistas, as principais justificativas da longevidade na ilha japonesa de Okinawa. Entenda algumas das principais caracterísitcas do que é praticado na região:

1. **As cores do arco-íris inspiram a variedade da mesa**: pimenta vermelha, cenoura, espinafre, berinjela, couve-flor, batata, tofu, vegetais e legumes variados ajudam para que todo o espectro de cores esteja representado nas refeições.
2. **Variedade**: as pesquisas mostram que a alimentação média dos habitantes de Okinawa é composta por 206 tipos de alimentos, sendo que, por dia, são ingeridos dezoito tipos diferentes de comida de verdade – o que é justamente o oposto da realidade de alimentos processados da cultura fast-food.
3. **Alimentos-base**: pelo menos sete tipos de frutas e vegetais são consumidos diariamente, o que representa aproximadamente 30% das calorias diárias. O peixe é ingerido, no mínimo, três vezes por semana, ainda que a carne de porco seja a mais comum em todo o Japão, e o consumo de soja não transgênica – diferente do Brasil e dos Estados

Unidos – fica entre 60 e 120 gramas diárias, o que é superior ao de qualquer outra população do mundo.

4. **Longe de excessos**: a população local consome em média um terço do açúcar comparado ao restante da população japonesa, e 7 gramas de sal diariamente, o que é quase metade da média de 12 gramas da população japonesa. Além disso, mantém uma dieta diária de cerca de 1.799 calorias, bem inferior se comparada à média nacional de 2.068 calorias.

5. **Pequenas porções**: em Okinawa, existe o hábito de parar de comer quando 80% da saciedade foi atingida, isto é, as pessoas terminam as refeições "com um pouquinho de fome" e jamais com a sensação de "estufamento". Isso justifica o fato de, em geral, o tamanho dos pratos e das porções no Japão ser menor do que no Ocidente.

6. **Corpo em movimento**: a taxa de mortalidade por problemas cardiovasculares é a menor de todo o Japão. Além da alimentação diferenciada de sua população, Okinawa é também a única província do Japão sem trens urbanos. Todos caminham ou pedalam quando não andam de carro.

7. **Exercício diário**: os okinawanos idosos praticam exercícios tanto físicos quanto mentais diariamente, mantendo frequência e regularidade acima de intensidade.

Quando falamos sobre a vida social, uma expressão japonesa complementar ao *Ikigai* é o chamado código *ichariba*, que significa "trate um desconhecido como um irmão, mesmo que seja a primeira vez que o encontre". Esse princípio diz sobre a abertura para criar relações duradouras, prósperas e sinceras, enxergando na relação com o outro uma fonte de felicidade. Em Okinawa, e em todas as demais zonas azuis, a população mantém um forte sentimento de pertencimento, vivendo ativamente a comunidade e os relacionamentos com amigos e familiares. Além disso, os idosos, que perfazem um percentual representativo nesses locais, são muito respeitados e têm a sua sabedoria sempre escutada e levada adiante.

Quando vivemos o nosso *Ikigai* e fazemos aquilo que nos faz feliz, naturalmente atraímos pessoas que vibram na mesma frequência que nós, que vão nos trazer o encantamento de novas descobertas, o conhecimento de novos caminhos e o compartilhamento de sentimentos e emoções que trazem sentido ao nosso viver. Toda essa complementaridade enriquece e potencializa ainda mais a economia da paixão.

Também é importante assinalar que o nosso *Ikigai* não é estático nem definitivo. Ele é um exercício de iteração, de descoberta, de aprendizado. Você vai experimentando, testando, aprendendo, refinando e burilando. E o universo vai mostrando caminhos, cabendo a você aceitá-los (ou não), conforme suas escolhas, para estar a maior parte possível de sua vida no fluxo (assunto do próximo capítulo).

Esse tema do *Ikigai* é tão apaixonante que criei uma página especial no meu site sobre ela: *marcelo.pimenta.com.br/Ikigai*, na qual você encontra vídeos, podcasts e textos sobre o assunto (além da mandala do *Ikigai* em tamanho A3 para impressão).

Na Quarta Parte, veremos como, na prática, você encontra o seu *Ikigai*.

Por ora, a sugestão é você ter em mente três elementos essenciais para conquistar a felicidade nesta vida:

1. Algo para fazer;
2. Algo para amar;
3. Algo para ter esperança.

Esses três pilares poderão sustentá-lo em diversos aspectos por uma vida inteira, sem que você jamais precise se aposentar, mas, para isso, nunca devem exigir que você sacrifique algo como os exemplos citados. Todas as vezes que se deparar com uma situação na qual você deixará de estar com a sua família ou com você mesmo durante uma refeição reenergizante, permita-se refletir: o motivo desse sacrifício, isto é, a atividade que pretende priorizar, impactará a sua vida nos próximos dois anos? Se a resposta refletir um alto impacto, está tudo bem, você pode se permitir pensar se aquilo valerá a pena. Se a resposta refletir um baixo impacto, considere o que está abrindo mão, porque pode não parecer de imediato, mas os almoços em família aos domingos, ou qualquer outro contexto de relacionamento social saudável, não afetam a sua vida em dois anos, mas a determinam até o seu final; e não esqueça, existe um final. Portanto, seja feliz hoje e agora.

ECONOMIA DA PAIXÃO

Está em busca do fluxo (resiliência e antifragilidade)

Tatuagem

Viver o fluxo é entender o ciclo da vida, é se conectar com a energia do mundo. É saber que tudo está em movimento. O fluxo é um estado de entusiasmo, alegria e excitação.

Esse conceito mental foi descrito pelo psicólogo Mihaly Csikszentmihalyi no livro *Flow: the Psycology of Optimal Experience* [A psicologia para uma experiência ótima].[8] Segundo ele, é um processo de imersão que se atinge ao exercer uma atividade com foco e motivação.

Quando uma tarefa é desafiadora na medida certa, exigindo que você use suas habilidades e esteja aberto a novos aprendizados, o fluxo criativo flui e você nem vê o tempo passar, de tão absorto e concentrado na atividade que está executando. Se a percepção que você tem de um trabalho é de que ele exige mais do que você é capaz de entregar, isso pode gerar ansiedade. No outro extremo está a apatia, quando você acha que as atividades que desempenha são desnecessárias e repetitivas. Na representação a seguir, você pode observar que o fluxo é a região que equilibra boas doses de desafio e habilidade.

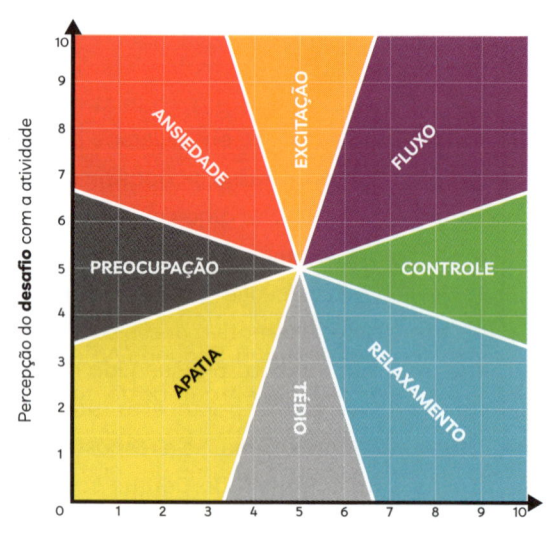

SEGUNDA PARTE

---

8 Mihaly Csikszentmihalyi, *Flow: the Psychology of Optimal Experience*, Nova York, Harper Perennial, 2008.

Atributos do protagonista da economia da paixão

Essa imagem revela muito sobre por que, muitas vezes, ficamos preocupados ou entediados. O TED dele é algo maravilhoso, para ver e rever.

Mas, em nosso contexto, esse conceito de fluxo pode ser entendido como "tesão por fazer aquilo" ou vontade que nunca acaba de continuar fazendo o que se está fazendo.

Esse conceito de fluxo já foi citado aqui, tanto na concepção de Csikszentmihalyi quanto na visão dos japoneses por meio do *Ikigai*. Segundo essa filosofia, o autoconhecimento leva ao encontro de seu *Ikigai* interior, que traz força e confiança para enfrentar as adversidades e entrar no fluxo criativo. Veja alguns sinais de que você não está no fluxo:

- Autocrítica constante.
- Tudo se torna enfadonho, exaustivo e motivo de reclamação.
- Preocupações exageradas que impedem a ação.
- Dúvidas frequentes sobre como proceder.
- O tempo demora a passar.
- Não se considera preparado para o que está fazendo.
- A mente fica vagando e não mantém o foco.
- Não vive o presente, está sempre pensando no passado ou no futuro.

Portanto, esses sentimentos e emoções servem de alerta para que você avalie o quanto precisa fazer de ajustes na sua vida em busca do fluxo.

Muitas dessas decisões podem estar ligadas ao enfrentamento das tarefas da vida e da forma como respondemos ao que nos acontece.

Não importam os fatos, mas como você reage a eles

Alfred Adler se contrapôs a Freud, reduzindo o peso dos traumas e dos eventos passados nas decisões do agora. Segundo Adler, ninguém é obrigado a passar a vida remoendo erros e traumas do passado. Com coragem, é possível aprendermos sobre nós mesmos e realizarmos mudanças, tornando-nos melhores e mais felizes. Mesmo que não seja fácil.

Na vida real, as teorias de Freud ajudam a justificar o fato de uma pessoa comer muito doce, por exemplo. Ela poderia ter tido falta de açúcar quando criança ou ter tido uma infância amarga. Adler sugere que essa pessoa gosta de açúcar e utiliza os argumentos que puder para justificar seus exageros. Mas essa mesma pessoa tem condições para se conhecer melhor, enfrentar uma mudança e ganhar mais equilíbrio em sua alimentação.

Esse pensamento adleriano foi recuperado, recentemente, no livro *A coragem de não agradar*,[9] escrito pelo filósofo japonês Ichiro Kishimi, em parceria com Fumitake Koga. Eles criaram um diálogo entre mestre e discípulo, que vai revelando um novo jeito de encarar a realidade.

A conclusão impactante a respeito desse diálogo é a de que o que vai determinar seu futuro não são exatamente os fatos que acontecem na sua vida, mas a sua reação a eles.

Sintetizamos três lições importantes aprendidas no livro:

- Você é responsável pelas tarefas da sua vida. Sejam elas ligadas ao aprendizado, à criação ou à execução de alguma coisa, cabe a você resolver. Por exemplo, quer aprender a tocar um instrumento ou falar uma nova língua? Encontre alguém que possa lhe ajudar ensinando, financiando seus estudos, apoiando. Mas é tarefa sua aprender. Está com dificuldades nos negócios? Procure ajuda de amigos, professores, consultores. Mas é tarefa sua solucionar.

- Ser feliz ou infeliz é uma escolha pessoal, vai depender de como você encara os fatos. (Isso ficará mais claro a seguir, nos conceitos sobre resiliência e antifragilidade.)

- Tenha coragem de não agradar. Você nunca vai conseguir satisfazer a todos, mas precisa entender que é possível respeitar os outros e as opiniões deles. No entanto, pode desconsiderar opiniões externas sobre sua missão e sobre sua vida quando você sabe o que quer, tem seu propósito já definido e está tomando decisões que podem parecer um pouco estranhas em relação ao senso comum.

O bambu enverga, mas não quebra

"Celo querido. Quando a mãe era criança, lia e ouvia histórias da *Seleta*. O tempo passou e tudo ficou esquecido. Hoje ela está aqui de novo, e agora vamos lê-la juntos. Todas as histórias são bonitas e algumas vão lhe ensinar

....

9 Ichiro Kishimi e Fumitake Koga, *A coragem de não agradar: como a filosofia pode ajudar você a se libertar da opinião dos outros, superar suas limitações e se tornar a pessoa que deseja*, trad. Ivo Korytowski, Rio de Janeiro, Sextante, 2018.

Atributos do protagonista da economia da paixão

muita coisa importante que você não vai esquecer nunca mais. E talvez, um dia, venha contar aos seus filhos [...]. Um beijo da mãe, julho de 1980".

Um dos privilégios da vida é ter mãe professora. Foi dela que recebi a 55ª edição da *Seleta em prosa e verso*, de Alfredo Clemente Pinto, quando tinha 9 anos. A *Seleta* é uma coletânea que ajudou a educar milhões de crianças e jovens desde 1884 com fábulas, histórias e versos que líamos todas as noites antes de dormir e sempre que tínhamos trabalho de português para o colégio.

Lembro-me com carinho de muitas histórias da *Seleta*, como "O carvalho e o caniço", de La Fontaine, que terminava com minha mãe profetizando: "O sábio se curva diante do impossível..."; "Diante de um vendaval, aquele que rasteja é sempre o mais sensato..."; "Na luta contra as adversidades, pouco valor terá o grande esforço com pouca inteligência...".

Sim, mãe, os ensinamentos da *Seleta* vieram parar aqui neste livro pós-pandemia de 2020!

O bambu enverga, mas não quebra. É resiliente. Consegue passar por intempéries e manter-se firme. Mesmo possuindo uma aparência frágil, com suas folhas finas, o bambu garante sua força criando raízes debaixo da terra por longo tempo, antes de aparecer na superfície, com leveza e crescimento em direção ao alto. É como se a planta se preparasse para enfrentar as dificuldades e, ao mesmo tempo, encontrar o céu.

A sabedoria da natureza é sempre inspiradora. Fazendo uma analogia com o bambu, vai ficar fácil compreender a resiliência em nós. Diante das dificuldades e obstáculos, quebramos ou envergamos? Se somos pessoas sem preparação, sem informação e com muitos medos de enfrentar a vida, vamos quebrar. Se estamos preparados, sabendo que na vida os obstáculos existem, que, a qualquer momento, teremos de enfrentá-los, já é um início da capacidade de resiliência. Se, além disso, construirmos conhecimento sobre nós mesmos e sobre aquilo que fazemos, essa capacidade será ampliada.

O bambu também nos ensina que a resiliência é construída ao longo do tempo. Primeiro as raízes, que podemos traduzir por toda a nossa base: princípios, valores, propósito, formação. Depois, as folhas, nossos desejos e vontades, nossas iniciativas, nosso aprendizado contínuo. E, por fim, o caule, ou colmo, em que os nós separam as partes ocas umas das

SEGUNDA PARTE

outras, a parte útil na produção de objetos e na arquitetura. Como nossas experiências, nossos afazeres e conquistas.

Mire-se no bambu. Pense na sua vida pessoal, profissional, nos negócios. Avalie onde estão os aspectos que podem ser comparados com o bambu. Onde é preciso melhorar. Vamos dar umas dicas para isso já, já.

Ter uma carreira, um negócio próprio, exercitar seu propósito, são coisas que não acontecem de uma hora para outra, de repente. É como uma semente que você vai alimentando, regando, cuidando até que ela brote, cresça e floresça.

Daí a metáfora com o bambu. Ele demora para despertar, mas, quando desperta, cresce rápido e seguro.

A ideia deste livro é reduzir suas frustrações com seu negócio, sua carreira. Portanto, durante as tempestades, se as raízes estiverem bem sólidas, vai dar certo.

Resiliência e antifragilidade

Resiliência e antifragilidade são características observáveis em pessoas e empresas bem-sucedidas. O bambu já trouxe uma ideia sobre resiliência. Já a característica de antifragilidade se relaciona a obter benefício, tirar proveito das ameaças, pancadas, bordoadas e ataques. Vamos aprofundar o estudo sobre essas duas características tendo como referência dois livros, que, desde já, são boas indicações de leitura.

O primeiro é *Resiliência*,[10] do escritor e palestrante Eduardo Carmello. O segundo, *Antifrágil*,[11] de Nassim Nicholas Taleb, autor líbano-americano, matemático de formação, estatístico e analista de risco. Neste, ele defende que a antifragilidade vai além da resiliência ao transformar o caos em benefício. Uma forma de aproveitar as dificuldades para evoluir.

Como sabemos, na física, resiliência é uma propriedade dos materiais, a elasticidade. A capacidade dos materiais de voltar ao normal depois de submetidos a situações de estresse. Um elástico, por exemplo, tem a propriedade de ser esticado e, ao ser solto, voltar à sua condição inicial.

---

10 Eduardo Carmello, *Resiliência: a transformação como ferramenta para construir empresas de valor*, 5. ed., São Paulo, Gente, 2008.

11 Nassim Nicholas Taleb, *Antifrágil: coisas que se beneficiam do caos*, trad. Renato Marques, Rio de Janeiro, Objetiva, 2020.

Atributos do protagonista da economia da paixão

Aqui, falando de empreendedorismo e negócios, ser resiliente é conseguir perseverar, levantar-se depois de uma queda. E, além de se levantar, continuar tendo como base seus valores, seu propósito, mesmo na adversidade. É a capacidade de recuperação, depois de uma situação extrema. Essa é uma das características de pessoas de sucesso. Diante dos obstáculos e adversidades, conseguem se recompor e continuar caminhando em direção aos seus objetivos, mantendo seus valores e seu propósito. Lembra o que dissemos sobre o bambu? Depois de uma intempérie, ele volta ao seu estado original. Também é assim com pessoas resilientes.

O bom é que você pode aprender a ser resiliente. O que você jamais vai conseguir é passar a vida sem enfrentar desafios, obstáculos e adversidades.

A primeira coisa que você precisa saber é qual é o seu propósito. Ele vai ajudá-lo a procurar soluções para contornar os obstáculos, porque você sabe aonde quer chegar. Empresas resilientes são mais bem-sucedidas porque possuem clareza quanto ao seu propósito e são capazes de mudar diante das adversidades, não ficam estagnadas. Nesses meses de pandemia, enquanto escrevo, há muitos exemplos de empresas resilientes. Você pensa que uma casa que promove festas de luxo parou tudo e ficou paralisada? Ledo engano. Ela adotou flores, o item mais usado na decoração de festas, criou serviços de entrega e assinaturas, inventou festas pequenas, com convidados dentro dos carros e serviços de piquenique para famílias. Observe que o propósito foi mantido, mas as atividades e a forma de fazer as coisas foram alteradas. E a empresa continua de pé.

Em segundo lugar, para melhorar sua resiliência, a orientação é fortalecer em você características como a empatia, adotando valores éticos e sólidos, tendo sempre em mente o seu propósito. Avalie o quanto você é capaz de se pôr no lugar do outro. No exemplo anterior, a empresa se pôs tanto no lugar dos clientes quanto dos fornecedores de flores. No confinamento do lar, como os clientes podem deixar suas casas mais alegres? Se não há mais festas, como os produtores vão distribuir suas flores? Foi pela empatia que a empresa fez o negócio, literalmente, florescer. Quem está no mercado de festas costuma valorizar a beleza, a alegria. Nesse caso, preservando esse valor, eles usaram vasos elegantes, que são trocados juntamente com as flores, muito bem escolhidas e profissionalmente arrumadas.

Além disso, escolha ser protagonista. O termo protagonista vem do teatro grego, no qual toda a trama girava em torno de um personagem principal. Até hoje, o personagem principal de filmes, novelas, romances é chamado de protagonista. Ser protagonista, no seu caso, é assumir o papel principal. Você é responsável por exercer o papel principal da sua vida, tanto pessoal quanto profissional. Na sua empresa, você delega tarefas, mas nunca o papel principal. Você é o maestro que conduz a orquestra. Portanto, em vez de reclamar, passe a agir. Saia da zona de conforto, caso contrário, as oportunidades não irão aparecer. Mantenha o foco no seu propósito.

Ainda aproveitando o exemplo da empresa de festas, houve de fato o protagonismo do proprietário, que assumiu as rédeas de todo o processo de mudança, inclusive se responsabilizando pela compra das flores e pela confecção dos arranjos.

Ser resiliente é ser capaz de voltar à condição original e não se deixar abalar pelo que está acontecendo. Entender que tudo é passageiro. O que acontece nesse processo de evolução na capacidade de resiliência é acabar por desenvolver a segunda característica, a de antifragilidade.

De acordo com o nosso autor, antifrágil não é o oposto de frágil; o termo sugere, na verdade, uma fragilidade reversa. As coisas que não resistem a uma pancada são frágeis. Por exemplo, uma xícara de porcelana ou uma taça de cristal são frágeis, pois se partem em pedaços quando sofrem um impacto. O frágil é efêmero, impermanente. O contrário de frágil é forte, robusto, durável, tudo aquilo que resiste a um golpe e não se abala. Como uma pedra, um pedaço de ferro.

Antifragilidade é uma terceira categoria, a das coisas que ficam mais fortes quando submetidas a uma certa dose de estresse. Não é verdade que essas coisas nunca se quebrem, mas se fortalecem ao assimilar um golpe. Revertem estresse, pressões, bordoadas, a seu favor. A pessoa antifrágil cresce, se desenvolve, evolui, se dá bem na desordem.

Nietzsche, filósofo que se dedicou a estudar a existência humana, tem uma frase que nos ajuda a compreender a antifragilidade: "O que não me mata, me fortalece". Vale tanto para o ponto de vista físico e biológico, nosso corpo, quanto para o ponto de vista psicológico, nossa mente. Por exemplo: o mesmo vírus que causa doenças graves nos torna mais resistentes quando vem em forma de vacinas. Outro exemplo é quando, diante de um sofrimento, somos levados a repensar nossos comportamentos.

Antifragilidade é uma propriedade de tudo que está vivo, de todos os sistemas complexos, como sociedades, sistemas econômicos, empresas. Todos estão submetidos a fatores de estresse e, dependendo de como reagem a esses fatores, podem sair fortalecidos. Uma característica da antifragilidade é a de se adaptar a mudanças.

Uma maneira de se tornar mais antifrágil é eliminar as fragilidades. Seguem algumas pistas como orientação.

- Tenha opções, não deposite todas as suas fichas no mesmo lugar. Se estiver fazendo um plano, abra alternativas. Permita-se experimentar e errar antes de decidir.
- Não seja rigoroso nos controles, dê tempo ao tempo. Ao olhar para um problema, use também a intuição. Espere o momento certo para agir. Não seja rigoroso com você mesmo. Reconheça seus sentimentos e as necessidades do seu corpo. Permita-se chorar, dormir, descansar e recuperar-se.
- Nos momentos de crise, não se sinta vítima da situação, observe o que está acontecendo, procure entender o problema e se torne protagonista na busca por solução.
- Nunca jogue a culpa em terceiros. Assuma sua parte, avalie qual é a sua contribuição para o problema.
- Procure ter lentes solucionadoras: em vez de ficar olhando para as dificuldades, olhe para as infinitas possibilidades de solução. Use as dificuldades como alavancas.
- Gerencie as adversidades como situações passageiras, elas são circunstâncias e não a constância da vida.
- Procure conhecer a verdadeira dimensão do problema. Busque se informar em fontes de informações específicas e objetivas. Corra dos boatos e das fofocas. Evite os "pitacos", eles podem trazer consequências negativas.

- Antes de acrescentar, pense em retirar. Em concentrar-se nos erros e não nos acertos. Elimine os erros antes de acrescentar coisas novas. Muitas vezes, se você eliminar um erro, terá mais ganhos do que se acrescentar algo novo.

- Aprenda com quem tem experiências semelhantes às suas. Por exemplo, se você quer estudar direito e está em dúvida, converse com advogados. Se precisa de um profissional para pintar sua casa, procure um que tenha muitos anos de trabalho apenas pintando. Se sua empresa necessita de um consultor, procure alguém que já tenha sido bem-sucedido em suas próprias empresas.

- Aprenda a conviver com as incertezas. Ninguém sabe o que acontecerá amanhã, muito menos daqui a dez anos. Assim, é melhor estudar e criar cenários, descrever probabilidades a partir desses cenários e andar devagar, ajustando-se ao longo do tempo.

- Cultive e valorize seu poder de escolha. Saiba escolher e, a partir de suas decisões, interprete as situações e descubra o que vai fazer a respeito.

- Tenha como parceiro constante a criatividade nos pensamentos, sentimentos e ações para tornar-se mais flexível. Os maiores problemas são causados por rigidez e inflexibilidade.

Pratica autocuidado e sabe que é preciso aprender ao longo da vida (autoconhecimento)

Tapete de Yoga

Até aqui, já passamos por diversos conceitos e teorias que tratam sobre os caminhos para a economia da paixão, mas talvez o mais importante deles, a base de tudo, seja o autoconhecimento. Somente conhecendo a si mesmo, as suas habilidades e limitações, as suas emoções e sentimentos, os seus desejos e receios, você se faz o protagonista de sua própria vida e se permite trilhar uma jornada verdadeira a partir dos seus propósitos pessoais.

Não estamos aqui inspirando nenhum egocentrismo, mas se abandonarmos a concepção popular do termo "ego" e emprestarmos o significado real dessa palavra da teoria da psicologia, estamos, sim, falando da importância de exercitar o próprio ego, no sentido de conhecer a nossa essência, estudar a nossa personalidade, compreender os nossos valores, reconhecer os nossos impulsos naturais e vulnerabilidades e entender a possibilidade que temos de enriquecer, adaptar e evoluir todos esses aspectos que fazem de cada um de nós pessoas únicas em um mundo habitado por bilhões de pessoas.

No primeiro capítulo, quando falamos sobre mudanças de dinâmicas do mercado em função da pandemia da covid-19 que se estabeleceu em 2020, discutimos como os movimentos "autodesenvolvimento e autocuidado" e *lifelong learning* foram potencializados por toda a aceleração do mundo em que estamos imersos neste momento. Em meio a um caos instaurado por uma crise humanitária e econômica, não sobraram saídas; pessoas, profissionais e negócios precisaram voltar-se a si próprios, buscar um autoconhecimento profundo para manter os seus pilares fortalecidos e revisar rotas por diversas vezes. Esse exercício acabou por estabelecer uma nova realidade na qual as mudanças são constantes e originadas dos aprendizados diários que surgem em um contexto de grande volatilidade.

Há uma frase famosa de Albert Einstein que diz: "Insanidade é continuar fazendo sempre a mesma coisa e esperar resultados diferentes". É justamente isso! O simples fato de ter existido a necessidade de mudarmos a forma de fazer tantas das coisas a que já estávamos habituados, como, por exemplo, ir diariamente trabalhar no escritório, nos fez enxergar as possibilidades que temos de ressignificar e buscar novas alternativas para tudo aquilo que somos e fazemos, tomando consciência de nossa capacidade de nos adaptar a algo novo ou proceder de forma diferente todos os dias, e que é justamente isso que nos traz maior autoconhecimento e instiga ainda mais a constância por novos aprendizados.

Nesse contexto, enquanto empresas de todas as dimensões passaram a operar a partir de um mindset de startup, em que o planejamento e a execução acontecem ao mesmo tempo e cada ação gera um aprendizado que direciona a próxima realização, um estudo realizado pela Pearson, o Global Learner Survey, que ouviu mais de 7 mil pessoas de sete países incluindo o Brasil, apontou que cerca de 76% dos brasileiros chegaram a repensar suas carreiras profissionais por conta da covid-19.

> **Cerca de 76% dos brasileiros chegaram a repensar suas carreiras profissionais por conta da covid-19.**

Dos entrevistados, 81% acreditam que a pandemia mudou a maneira como o trabalho é realizado, e 90% consideram que as habilidades necessárias para trabalhar atualmente são diferentes das de cinco anos atrás por conta da tecnologia. Não existem mais saídas, vivemos em um mundo sem respostas e precisamos buscá-las todos os dias para nos conhecer e manter a nossa essência, mas nos permitir a flexibilidade de conhecer algo e ser alguém novo a cada instante.

Fazendo mais uma vez referência à cultura oriental, no Japão o termo *Kaizen* se refere a "aperfeiçoamento" ou "melhoria contínua" e à ideia de que pequenos aperfeiçoamentos podem ser feitos a todo instante, de modo a tornar as coisas melhores. Observe na imagem como se comporta esse ciclo de melhorias constantes do *Kaizen* e considere esse modelo para tudo.

Atributos do protagonista da economia da paixão

CICLO KAIZEN
Melhoria contínua

- Documente a realidade
- Identifique desperdícios
- Planeje ações
- Cheque a realidade
- Faça as mudanças
- Verifique as mudanças
- Mensure os resultados
- Padronize
- Celebre
- Faça de novo

Na maior parte das vezes, quando pensamos em mudanças ou aprendizados, consideramos o resultado final. Isto é, no primeiro dia de uma aula de inglês, um aluno já quer estar dialogando como os atores de filmes americanos; ou, em uma primeira ida à academia, um sedentário espera já conseguir correr uma maratona. Esse pensamento nos gera ansiedade, estado psíquico que, diferentemente do que achamos, não apenas nos gera nervosismo e preocupação, mas também falta de concentração, problemas para dormir, pensamentos negativos, irritabilidade crescente, sensação de cansaço, fuga das decisões e sentimento de culpa. Tudo isso acaba sendo impeditivo para a nossa evolução. O exercício do ciclo *Kaizen* possibilitará que você visualize pequenas vitórias diárias que, no longo prazo, trarão grandes superações, gerando autoconhecimento e felicidade.

ECONOMIA DA PAIXÃO

O que achamos que a ansiedade causa:
- Nervosismo
- Preocupação

O que realmente a ansiedade causa:
- Falta de concentração
- Problemas para dormir
- Pensamentos negativos
- Irritabilidade crescente
- Sensação de cansaço
- Fuga das decisões
- Sentimentos de culpa
- Nervosismo e preocupação

Fonte: @drthiagovolpi

A felicidade leva ao sucesso

Toda crença que depositamos no encontro da felicidade ao atingirmos o objetivo final vem da ideia de que o sucesso nos traz felicidade, mas não é bem assim. Um artigo de 2005, que realizou uma meta-análise de aproximadamente 225 artigos com mais de 275 mil participantes, revelou que o caminho é justamente o inverso. As pessoas são bem-sucedidas por ser felizes, de acordo com a afirmação: "A felicidade leva ao sucesso em quase todos os domínios das nossas vidas, incluindo casamento, saúde, amizade, participação na comunidade, criatividade e, principalmente, trabalho, na carreira e nos negócios". Essa também é a conclusão de *O jeito Harvard de ser feliz*,[12] de Shawn Achor, leitura mais que recomendada.

....
12 Shawn Achor, *O jeito Harvard de ser feliz: o curso mais concorrido da melhor universidade do mundo*, São Paulo, Benvirá, 2012.

Se você está realmente em busca de algum objetivo final, comece dando valor à jornada que o levará até ele, permitindo-se recalcular as rotas no meio do caminho em função dos aprendizados que conquistará e, o mais importante, reconhecendo diariamente as conquistas e as pequenas felicidades que vivenciará. Para isso, você precisa estar plenamente conectado a si mesmo, entendendo que o autoconhecimento permite a você direcionar o seu rumo e o mindset que o guiará: você pode optar por uma jornada leve, próspera e feliz, ou encarar um desafio duro, árduo e cansativo.

Existem exercícios diários que podem trazer equilíbrio para a jornada, de modo a torná-la mais fluida, receptiva aos aprendizados e à felicidade. A seguir, você encontra alguns deles, mas ao longo do tempo, conforme a evolução do seu próprio autoconhecimento, certamente adotará aqueles que são ideais para você e até mesmo poderá criar os seus próprios. Não esqueça: tudo se relaciona a estar conectado a si mesmo, às suas necessidades, valores e propósito.

Meditar para não pirar

Todos nós temos alguma atividade (ou algumas) que nos traz bem-estar e nos energiza. Dedicar um bom momento do nosso dia a ela, permitindo-nos esquecer de problemas, dificuldades ou preocupações, é essencial até mesmo para encontrar soluções.

Certa vez, um amigo me disse que sempre que recebe um "e-mail bomba" – é assim que ele denomina as mensagens sobre problemas que desembarcam em sua caixa de entrada –, vai à cozinha lavar louça. Enquanto a água corre e ele ensaboa alguns pratos, gastando um certo tempo e esforço para se livrar de alguns restos de alimento impregnados na louça, ele se desconecta do problema e areja a mente. Quando termina e está retornando para a frente do computador, na maior parte das vezes, tem algum insight para retornar o e-mail. Achei tão genial isso que, desde que ele me contou, passei a adotar o jargão "vá lavar uma louça" para todo mundo que me aparece com um problema!

Falamos até aqui sobre a importância de reconhecer aquilo que nos torna únicos, e nesse caso não é diferente. Eventualmente, para você a ideia de lavar uma louça pode ser um martírio e está tudo bem, mas avalie, em seu caminho de autoconhecimento, quais são as atividades que podem auxiliá-lo a se conectar com uma realidade paralela, lembrando que, mesmo quando você está alimentando a economia da paixão, fazendo aquilo que ama, acabará lidando com estresse, problemas, e precisará se desconectar deles para se manter no fluxo.

Um bom banho quente, uma sessão de massagem, uma caminhada ou exercícios físicos de modo geral, encontro com amigos, a contemplação de um pôr do sol, uma viagem, são apenas algumas das atividades que podem ajudá-lo. Entenda o que funciona melhor para você!

Em 2019, uma pesquisa realizada em uma parceria da Hoopsuite com a We Are Social apontou que o Brasil é o segundo país que passa mais tempo conectado à internet: são, em média, 9 horas e 20 minutos de conexão diária. Esse fato se relaciona diretamente à maior busca de desconexão considerando atividades principalmente relacionadas a natureza – ainda que seja a nossa natureza interna. Uma das atividades que se torna cada vez mais popular é a meditação. São várias as referências e estudos científicos que comprovam que essa prática traz uma série de benefícios, como melhoria do sistema imunológico, aumento das células-tronco, aumento das conexões cerebrais, regularização de inflamações. Tudo isso reflete em melhor qualidade do sono, redução do estresse, aumento de foco e produtividade, melhoria da memória e da saúde geral do organismo e redução de quadros depressivos.

MEDITAR é bom para:

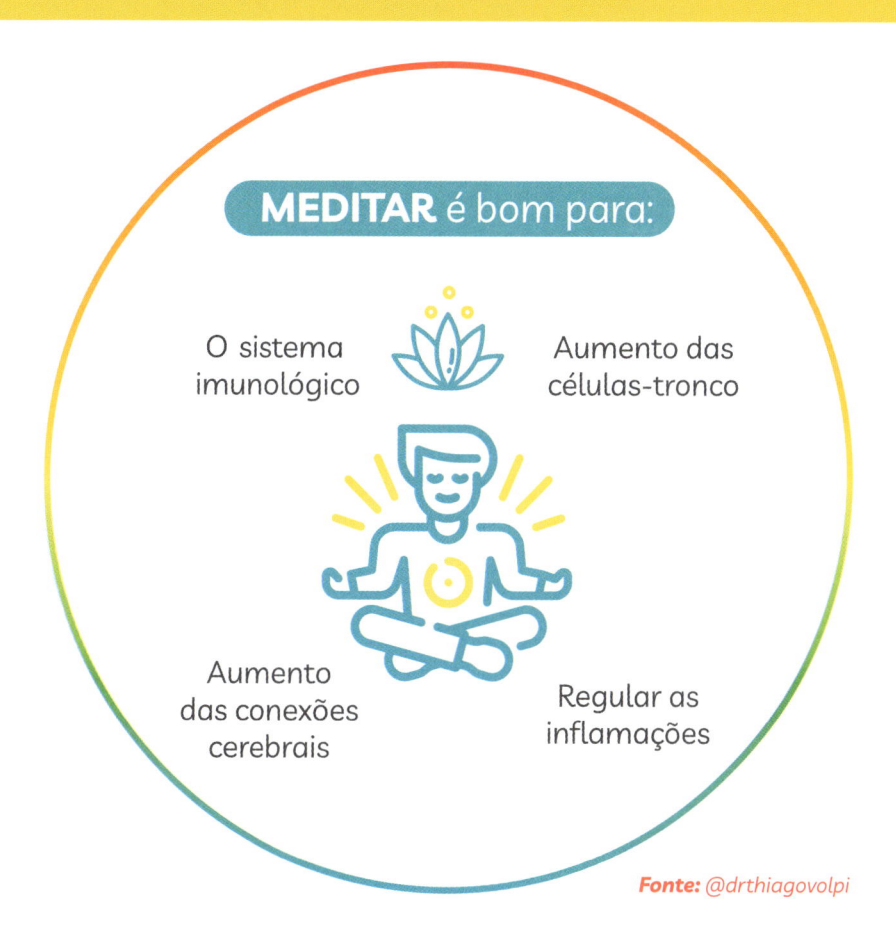

- O sistema imunológico
- Aumento das células-tronco
- Aumento das conexões cerebrais
- Regular as inflamações

Fonte: @drthiagovolpi

Se você ainda não medita, hoje é o melhor dia para começar (temos dicas na Quarta Parte). Seja com a ajuda de um aplicativo, lavando louça ou embaixo das árvores. Se você tiver qualquer resistência a essa prática, não tem problema. Apenas busque atividades que lhe possibilitem viver o momento presente.

Pelo fim da comunicação violenta

Esse talvez tenha sido um dos meus maiores aprendizados da pandemia. Eu sabia que meu jeito de falar precisava melhorar, e o primeiro contato com a comunicação não violenta foi duplamente revelador para mim: era o caminho que eu precisava.

Nos anos 1960, o psicólogo americano Marshall Rosenberg desenvolveu essa teoria chamada comunicação não violenta (CNV), que tem por objetivo tornar o diálogo mais eficiente a partir da observação e da empatia. Veja a seguir os quatro elementos-chave da CNV e tome nota das ferramentas que você pode passar a adotar não somente em sua comunicação com amigos, familiares e colegas de trabalho, mas também na análise da comunicação que a sua empresa estabelece com os seus públicos, incluindo consumidores, fornecedores, parceiros etc.

1. Observe sem julgar

Em um primeiro momento, observe os fatos a partir de uma posição externa, de modo a não julgar ou criticar. Busque olhar para o fato através de diferentes perspectivas que não a sua própria. Ao se posicionar, apenas relate o fato e evite generalizações ou exageros usando palavras como "sempre", "nunca", "jamais". Como exemplo, perceba que dizer a uma pessoa "você nunca chega pontualmente" tem um impacto completamente diferente de "todas as vezes que saímos, você chega após o horário que agendamos".

2. Dê nome ao seu sentimento

Após relatar, identifique e expresse verdadeiramente o que sente em relação ao fato que observou (você pode usar a roda das emoções do Capítulo 3). Você pode, por exemplo, dizer "Quando você atrasa, me sinto magoado, entendendo que posso não ser um compromisso importante para você". É importante ter consciência de que a responsabilidade pelo que você sente é sua, e o outro não pode ser culpado por isso. No entanto, a ideia é também proporcionar ao outro uma perspectiva da sua visão do fato.

3. Identifique e expresse necessidades

Entenda que o sentimento que você expressa diante de um fato tem a ver com uma necessidade sua e que motiva as suas ações. Busque entender quais são essas necessidades e, ao mesmo tempo, as do outro em relação a você. Como exemplo, a sua ação pode ser "Quando você atrasa e me sinto magoado, eu me irrito com você".

4. Formule pedidos claros e viáveis

Ao entender as suas necessidades, você deve pedir com clareza ações que as supram. Não é o caso de fazer exigências como "Não quero que você se atrase mais", mas, sim, de pedir com gentileza "Gostaria que não se atrasasse mais". Antes de concluir, busque confirmar com o outro o que foi entendido do que disse; estar na mesma página em relação ao fato, aos sentimentos, necessidades e pedido realizado será importante para a evolução da relação.

A comunicação não violenta também reconhece a importância da gratidão genuína, que não só melhora as relações humanas como também traz benefícios físicos comprovados. No livro *Cérebro e meditação*,[13] aprendi que a gratidão é responsável por até o dobro de sensação de felicidade do que o benefício próprio. No livro, os pesquisadores relatam os resultados de testes que mostram que as pessoas ficam muito mais felizes quando podem doar algo aos outros do que se tivessem ganhado algo para si próprios.

Mas gratidão não é a mesma coisa que gentileza.

Gentileza gera gentileza

Provavelmente você já ouviu essa famosa frase "gentileza gera gentileza", do famoso Profeta Gentileza, José Datrino. Inúmeros psicólogos já estudaram o assunto e relatam que, de fato, os atos de gentileza geram retorno. Quando nos sentimos bem tratados e felizes, buscamos retribuir isso de alguma forma, e é claro que devemos exercitar essa prática em nossas relações. Mas a primeira pessoa com a qual você deve ser gentil é você mesmo. Estando bem consigo, estará apto a ser bom com o outro e captará boas energias, atraindo pessoas positivas para a sua vida.

---

13 Wolf Singer e Matthieu Ricard, *Cérebro e meditação: diálogos entre o budismo e a neurociência*, São Paulo, Alaúde, 2018.

Seja gentil com você mesmo e permita-se aprender, entendendo que, até mais do que os acertos, os erros fazem parte dessa história. É claro que devemos sempre buscar fazer o nosso melhor todos os dias, mas é preciso entender que excelência é diferente de perfeição e que o seu melhor de hoje pode não ser o melhor que você vai atingir na sua vida – estamos todos em construção. Não conseguir algo hoje é a oportunidade de conseguir algo amanhã. Somente quando conhecemos o fracasso, valorizamos a vitória.

E não esqueça: ame a quem o ama.

Escolha a EXCELÊNCIA e não a PERFEIÇÃO

Perfeccionismo	Excelência
Padrões impossíveis de ser alcançados	**Padrões elevados** que podem ser alcançados com esforço, prática e persistência
Erros são fracassos e devem ser evitados a todo custo	**Erros são normais** e nos ajudam a aprender o que não fazer
Só há valor no **resultado final**	Há valor **no processo** e não somente no resultado
Rigidez - só há uma maneira de fazer as coisas certas	**Flexibilidade** - metas podem ser ajustadas

Fonte: @drthiagovolpi

Exercício dos três agradecimentos

Uma das coisas que nos ajudam a manter a consciência das nossas evoluções e aprendizados, percebendo como de fato o dia após dia contribui para a conclusão de grandes realizações, está em agradecer e festejar os pequenos méritos. Para isso, Paula compartilha conosco um exercício que ela pratica pessoalmente e que é uma prática bastante simples e poderosa.

Basicamente, sempre que ela se deita na cama, antes de dormir, tem um ritual de fechar os olhos e agradecer por três coisas do seu dia.

Esse exercício é uma variação do pote da gratidão, no qual você deposita diariamente pelo menos um fato/aprendizado/encontro/novo sabor, qualquer coisa que o satisfez no dia! Não importa a ordem de grandeza, rapidamente você notará que, por mais difícil que seja um dia, ele sempre carrega também coisas positivas, e que o fato difícil de hoje justificará o agradecimento de amanhã, quando a solução para o desafio chegar!

No caso do pote, ele é superválido para ser aberto quando você se sente para baixo e acha que nada vale a pena. Você vai se surpreender.

Quanto ao que a Paula pratica, ela me lembra do pensamento do escritor Roberto Tranjan, um dos melhores pensadores brasileiros da atualidade no mundo dos negócios. Ele sempre fala: "Foque no que te farta, não no que te falta". Paula, ao agradecer por aquilo que a farta, vem colhendo tudo de bom que o universo tem para devolver a ela.

> **Foque no que te farta, não no que te falta.**

Os segredos da longevidade

Relembrando o capítulo que falamos sobre *Ikigai* e zonas azuis, podemos adotar os exercícios diários listados a seguir que são tidos como segredos para uma vida longeva. Podem parecer fórmulas simples, mas exigem dedicação diária e também são um caminho importante para o autoconhecimento.

1. Não se preocupar.
2. Manter boas rotinas.
3. Cultivar amizades.
4. Viver sem pressa.
5. Manter o otimismo.

Para se dedicar a esses cinco segredos, você poderá anotá-los e, diariamente, pensar em quais deles praticar, como os praticou e quais deixou de lado, embora não devesse. Por exemplo, algum dia você poderá perceber que não desfrutou do seu almoço como deveria, porque, afinal de contas, o e-mail a que estava ansioso para responder poderia ter esperado mais um pouco.

Esse cinco segredos me lembram dos cinco arrependimentos manifestados por pacientes terminais, colhidos por uma enfermeira australiana:

1. Gostaria de ter tido a coragem de viver uma vida fiel a mim mesmo, e não a vida que os outros esperavam de mim.
2. Gostaria de não ter trabalhado tanto.
3. Gostaria de ter tido coragem de expressar meus sentimentos.
4. Gostaria de ter mantido contato com meus amigos.
5. Gostaria de ter sido mais feliz.

Ainda estamos vivos e não precisamos nos arrepender. Temos mil maneiras de viver, essa é uma busca pessoal e que deverá vir de dentro de você. Apenas tenha em mente a consciência de que a felicidade é essencial para as nossas realizações; não somos treinados para construí-la, mas, sim, para alcançá-la e, geralmente, a uma pena muito dura. Olhe para o seu cotidiano com leveza, quais são as alegrias que você pode sentir hoje e o que poderá mudar – mesmo que sutilmente – para ser um pouco mais feliz amanhã? Todo esse racional será cada vez mais possível à medida que você se conhece melhor e estiver conectado a si, identificando com clareza o que deve ser reconhecido e o que pode ser melhorado. Diante de um sentimento de angústia, tome um tempo para entender o que o está incomodando e busque reagir positivamente a isso, mas não se entregue por horas a um problema que poderá ser resolvido com uma simples "lavada de louças".

Exercita diferentes formas de pensar (design)

Óculos

Este capítulo é sobre o modo como organizamos o nosso pensamento.

Eu tenho uma irmã que é meio médica. É formada em educação artística e trabalhou por trinta anos no Banco do Brasil. Mas se tem alguém doente na família, ela já recorre a seus conhecimentos, consulta as atualidades do dr. Google e já nos dá diagnóstico, causa, tratamento.

Ou seja, mesmo não sendo médica, ela consegue pensar como médica.

Este capítulo tem o objetivo de mostrar como você, protagonista da economia da paixão, PRECISA desenvolver a possibilidade de pensar diferente, conhecendo os meandros do pensamento do designer. Mas, antes de entrar no design thinking (literalmente, o jeito de pensar do designer), vamos conhecer o resultado das pesquisas feitas na Universidade de Stanford sobre mindset.

Duas maneiras de ver o mundo

Cada um de nós tem seu jeito único de pensar. Mas podemos desenvolver a capacidade de exercitar outros jeitos de pensar, que podem ser testados mesmo não sendo nossos modos "nativos".

A professora americana Carol S. Dweck, autora do livro *Mindset: a nova psicologia do sucesso*,[14] descobriu que só existem duas maneiras de pensar, ou, como ela diz, dois tipos de mindset:

- Mindset fixo.
- Mindset de crescimento.

Todas as pessoas possuem os dois, mas sempre haverá um preponderante – mesmo que isso aconteça de diferentes formas, em diferentes aspectos da vida. Por exemplo, você pode ter um mindset fixo no esporte e de crescimento nas finanças. Gostar de experimentar novas comidas, porém odiar ter de mudar a rotina do seu dia.

---

14 Carol S. Dweck, *Mindset: a nova psicologia do sucesso*, trad. S. Duarte, Rio de Janeiro, Objetiva, 2017.

Como são os seus mindsets? Em que aspectos de sua vida você nota essas diferenças? Faça uma autoavaliação utilizando a imagem a seguir.

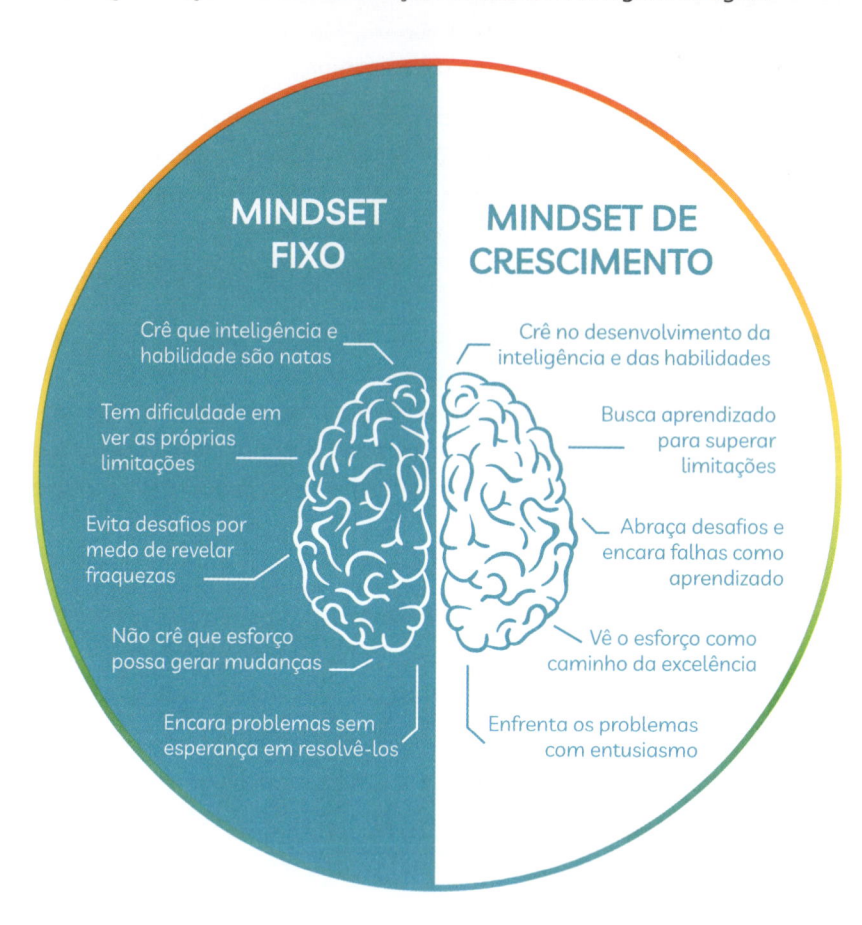

MINDSET FIXO
- Crê que inteligência e habilidade são natas
- Tem dificuldade em ver as próprias limitações
- Evita desafios por medo de revelar fraquezas
- Não crê que esforço possa gerar mudanças
- Encara problemas sem esperança em resolvê-los

MINDSET DE CRESCIMENTO
- Crê no desenvolvimento da inteligência e das habilidades
- Busca aprendizado para superar limitações
- Abraça desafios e encara falhas como aprendizado
- Vê o esforço como caminho da excelência
- Enfrenta os problemas com entusiasmo

Você consegue mudar sua mentalidade? Dweck diz que não. Mas que você tem a opção de percebê-la e, de livre-arbítrio, contrariá-la. "Os mindsets nada mais são do que crenças. São crenças poderosas, mas são apenas algo que está em sua mente, e você pode mudar sua mente."

Na verdade, você pode conseguir identificar qual mindset está operando em uma determinada situação e, se precisar, pode, de forma intencional, usar um outro mindset para superar obstáculos e barreiras.

É assim que funciona o jeito de pensar no que chamamos de design thinking, ou design centrado no cotidiano.

Neste capítulo, para encerrar as competências do protagonista da economia da paixão, você vai aprender a usar para si próprio esse jeito de pensar. E, no próximo capítulo, entenderá como usá-lo com sua equipe, para criar e desenvolver projetos.

Design? Design thinking? Do que você está falando exatamente?
Existem pelo menos três conceitos de design:

- Design clássico, relacionado à produção, originado na Revolução Industrial;
- Design thinking, atendendo à necessidade de inovação a partir da relação com as demandas e expectativas do consumidor;
- Design computacional, associado à tecnologia e aplicado ao desenvolvimento de programas e aplicativos.

Independentemente do conceito, o design está sempre relacionado à solução de problemas, em um percurso, ao longo do tempo, no qual se aprende e clarifica uma situação problemática para idealizar uma solução adequada.

Design entendido como coevolução do espaço **problema** x **solução**

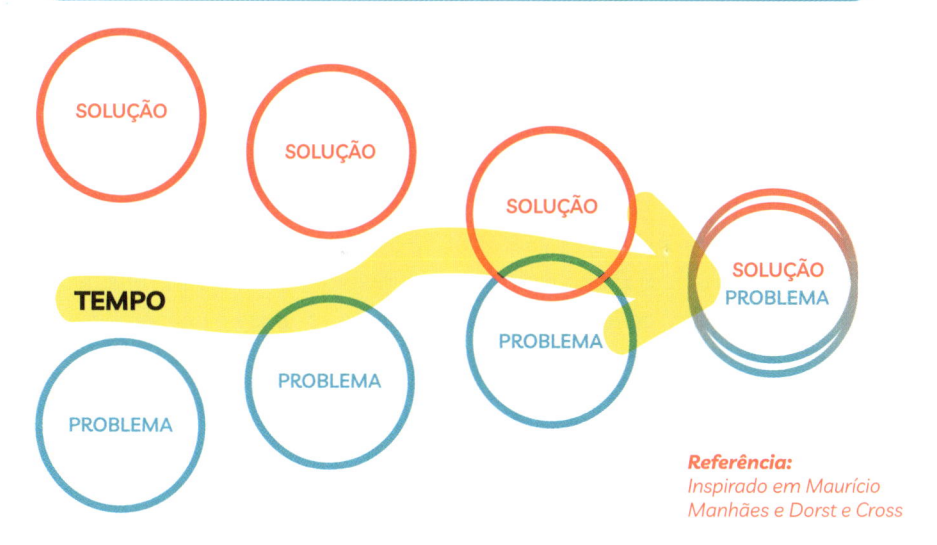

Referência:
Inspirado em Maurício Manhães e Dorst e Cross

Atualmente, o design é considerado uma disciplina transversal, ou seja, pode estar presente em todas as atividades. Entender design como abordagem é compreender um processo de tentativa e erro, de interação com o usuário, em que se vai somando conhecimento em busca do alinhamento do problema à solução.

Aqui, vamos nos orientar pelo design thinking para pensar e solucionar os problemas do dia a dia, sejam pessoais ou profissionais.

O e-book *Design thinking*,[15] da editora MJV Press, explica que o design thinking é uma forma de pensar pouco convencional, baseada no pensamento abdutivo, um pensamento que procura pelo que está escondido. "Nesse tipo de pensamento, busca-se formular questionamentos através da apreensão ou compreensão dos fenômenos, ou seja, são formuladas perguntas a serem respondidas a partir das informações coletadas durante a observação do universo que permeia o problema." Ao pensar dessa forma, as soluções encontradas não apenas resolvem um problema, elas se encaixam nele. Os seres humanos são design thinkers por natureza, caso contrário não teríamos ao alcance das mãos um sem-número de soluções para os mais variados problemas.

Ver a vida como um designer

"Ser mais empático, colaborativo e incansavelmente curioso é a chave para navegarmos de maneira bem-sucedida no mundo atual" – nas palavras de Luis Tennyson Pinheiro. Essas três características estão na essência da forma de pensar de um designer. A sugestão é que, no mínimo, deveríamos usar essas três características como ponto de partida para entender o que se passa a nossa volta e para sermos melhores pessoas e profissionais. Mas há outras características que estão associadas no pensamento dos designers. Veja uma lista delas, na qual incluímos as três primeiras.

- **Empático**: tenta entender e ver o problema do ponto de vista do outro, ou do objeto do problema.
- **Colaborativo**: trabalha em equipe e com grupos multidisciplinares.
- **Curioso**: procura conhecer coisas que não entende ou que lhe são novas.

....
15 Maurício Vianna et al., *Design Thinking: inovação em negócios*, MJV Press, 2014.

- **Ambíguo**: aceita que, algumas vezes, as coisas não serão claras, ou que nem sempre se consegue a resposta que está sendo procurada.
- **Construtivo**: desenvolve novas ideias baseadas em ideias já existentes, o que aumenta a chance de sucesso.
- **Holístico**: vê a situação por um contexto mais amplo, para tentar atender a todas as necessidades.
- **Sem julgamento**: entende que as melhores ideias surgem quando não existe o julgamento prévio.
- **Mentalidade aberta**: pensa fora da caixa, tem as ideias mais "loucas" possíveis, desafia o óbvio e aceita experimentar.

Na medida em que você assimila novas formas de pensar – e isso é possível, como já vimos –, está contribuindo para seu desenvolvimento pessoal e profissional. Situações complexas passarão a ser vividas com menos estresse, e os problemas serão enfrentados com mais assertividade e tranquilidade.

Ainda segundo Tennyson Pinheiro: "A empatia, a colaboração e a experimentação [...] são o alicerce fundamental da engrenagem relacional de uma sociedade [...]".

Exercitando novas perspectivas

Além de uma forma de pensar diferenciada, o designer também se utiliza de alguns processos que podem ser aplicados em muitas situações de vida e não apenas na resolução de problemas de negócios.

1. **Primeiro divergir, depois fazer escolhas** – A mente deve estar aberta para criar o maior número possível de opções de respostas para o problema existente e, só então, convergir para uma única resposta, escolhida entre todas. Essa resposta pode ser uma das propostas apresentadas ou a combinação de duas ou mais propostas, mas a solução é sempre única.

DIVERGIR — CRIAR OPÇÕES | FAZER ESCOLHAS — CONVERGIR

2. **Uso da expressão "e se?" para iniciar perguntas** – A expressão é utilizada para perguntar sobre as consequências de uma ação, especialmente que possam ser indesejáveis. É uma forma de se referir a circunstâncias presentes ou futuras. A importância de fazer essas perguntas é tão grande que a expressão deveria ser tatuada na pele.

- E se não for assim?
- E se eu não fizer?
- E se terminar?
- E se eu começar?
- E se nos juntarmos?
- E se comprarmos?
- E se alugarmos?
- E se vendermos?
- E se destruirmos?
- E se desaparecermos?
- E se florescer?
- E se despertar?

3. **Pensamento iterativo** – Não existe "o melhor", mas sempre é possível fazer melhor. Iterar é repetir a busca para acumular informação e experiências e construir conhecimento. Por exemplo, em uma primeira rodada de perguntas, você descobre que a cor preferida para um produto é verde. Numa segunda, você vai descobrir a tonalidade de verde que mais agrada. Em uma terceira rodada, vai descobrir se a

tonalidade aplicada ao material proposto agrada. E assim por diante, até esgotarem as respostas. Normalmente esse processo é muito motivador, porque à medida que os acertos vão acontecendo, geram mais ânimo e convicção de estar seguindo no caminho certo.

4. **A busca pelos detalhes** – Você, decerto, já ouviu o ditado "o diabo mora nos detalhes", que hoje significa atenção aos pequenos erros. Mas esse ditado é derivado de um mais antigo, "Deus está nos detalhes", que queria dizer que as pequenas coisas da vida traziam recompensas significativas. É esse dito mais antigo que está sendo revivido, quando a tendência é a busca de pormenores, particularidades que possam, realmente, fazer a diferença na resolução de problemas ou na descoberta de oportunidades. Atualmente, com o nome de Small Data, fala-se sobre compreender, em profundidade, as necessidades e motivações das pessoas. Encontrar esses detalhes requer um mergulho na vida de verdade, conversas, realizar visitas ao local onde o usuário está vivendo. E muita atenção e observação das falas e do contexto. Se as empresas estão se utilizando de Small Data para dispor de soluções mais adequadas aos seus clientes, imagine usar esse mesmo jeito de fazer as coisas no seu dia a dia. A atenção aos detalhes, minúcias, pode resultar em autoconhecimento e melhor qualidade nos relacionamentos.

5. **Viver a cultura do design** – É aplicar, na vida real, tudo o que foi aprendido sobre a maneira de pensar e os processos. Não basta saber, é preciso praticar. Por isso, esteja atento às experiências, incluindo as emocionais; experimente potenciais soluções; tolere os erros; incentive a expressão de diferentes pensamentos; aprenda durante o processo.

Se eu fosse sintetizar muito do aprendizado sobre esse novo jeito de pensar, eu diria: "Não se contente com a primeira resposta. Normalmente a primeira não é a melhor".

TERCEIRA PARTE

Kit de sobrevivência – O que você precisa saber

Para vencer nessa nova economia, você precisa estar preparado. Existem coisas que são básicas para que tenhamos o resultado esperado. É como uma planta: além de uma herança genética aceitável, ela precisa de luz, de água, de uma terra adequada com o mínimo de nutrientes. Sem **qualquer um desses quatro fatores**, ela não vai conseguir sobreviver, muito menos produzir.

Esta parte é o seu KIT DE SOBREVIVÊNCIA, trazendo aquilo que você PRECISA saber (e, na maioria dos casos, de como tomar alguma ação). Temas e ferramentas para sobreviver e crescer. Portanto, se você chegou até aqui, não pule esta parte.

Quando a prática se impõe, demanda novos conhecimentos. Ao descobrir a possibilidade de uma nova carreira, algumas questões serão úteis para que o seu desempenho se fortaleça.

Não importa se você quer mudar de área, ter outra profissão, cursar uma nova faculdade, vender suas aquarelas ou virar um professor. Em qualquer um desses casos, saber o básico sobre como funciona o mundo dos negócios é indispensável.

Pensando nisso, a partir da minha experiência, escolhi oito áreas de conhecimento que impactam qualquer negócio e fiz uma síntese dos principais aspectos em cada uma. O que apresento é o mínimo necessário, mas também o que é mais importante saber para não errar de forma desnecessária ao iniciar um caminho novo. Você pode, a partir daí, aprofundar-se muito mais.

Considere que, às vezes, é um desses pontos que pode fazer a maionese, que estava tão bonita, desandar.

A leitura atenta e a prática das recomendações vão fazer com que isso não aconteça.

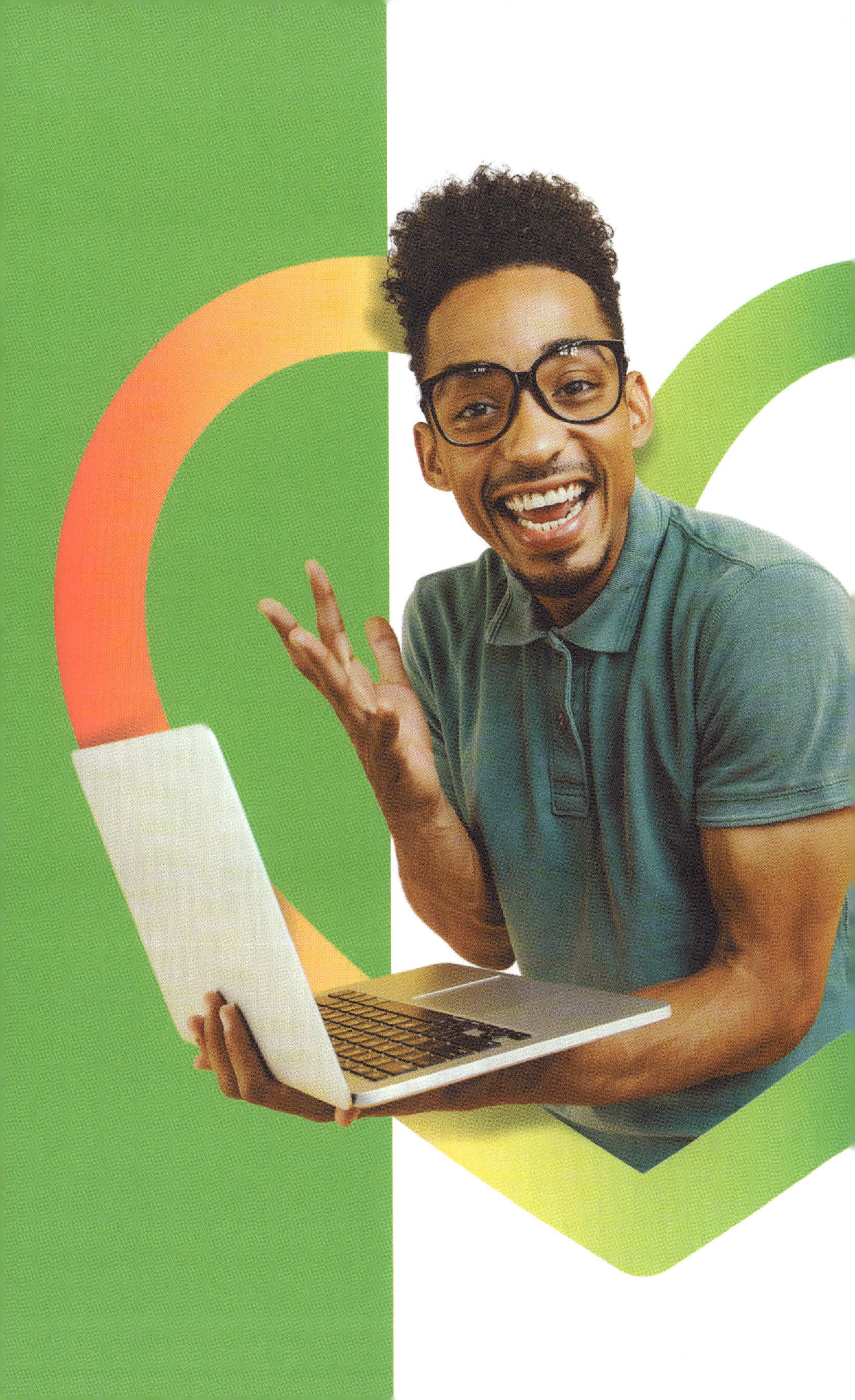

Design centrado no ser humano

"O designer enxerga como problema tudo aquilo que prejudica ou impede a experiência (emocional, cognitiva, estética) e o bem-estar na vida das pessoas (considerando todos os aspectos da vida, como trabalho, lazer, relacionamentos, cultura)"

Maurício Vianna, Design thinking

Ver a vida com os olhos dos outros. Lembra essa expressão lá da Segunda Parte do livro? Ela é o ponto de partida do design centrado no ser humano.

Desde que vim morar na Serra da Cantareira, vejo aperfeiçoado o meu olhar de engenheiro (mesmo sem ter essa formação). Morando no meio do mato, é preciso sempre reformar, construir, fazer uma manutenção, e venho melhorando minhas habilidades como projetista. Errando muitas vezes, aprendendo sempre, a casa vai ficando cada dia melhor.

Também devo confessar que venho desenvolvendo minhas habilidades de agricultor ou pelo menos de jardineiro, cuidando de uma pequena horta, do pomar, do jardim. E isso me fez criar uma composteira, comprar algumas ferramentas.

Os dois breves relatos servem para ilustrar que, mesmo não sendo designer (profissional especialista em design), você pode desenvolver esse modo de pensar. O design centrado no ser humano significa ter foco nas pessoas, nos usuários. É preciso descobrir e compreender os problemas que afligem o ser humano, independentemente da natureza ou origem desses problemas, para conceber soluções.

Estamos falando de um processo que é centrado nas pessoas, razão pela qual esse processo é chamado de "centrado no ser humano". Ele começa pelas pessoas para as quais a solução está sendo criada. Examina necessidades, desejos e comportamentos das pessoas cujas vidas serão influenciadas com as soluções que se pretende ofertar. Procura-se ouvir e entender o que elas querem, descobrir seus desejos ou necessidades. Essas descobertas ocorrem pela empatia, a capacidade de se pôr no lugar do outro e tentar sentir o que o outro sente em uma determinada vivência.

Você conhece soluções criadas a partir do design centrado no ser humano e talvez até se utilize delas. Está pensando em aplicativos? Acertou.

Existem vários. Há aplicativos para meditar, para mensurar os níveis de esforço físico, para facilitar no trânsito. Algum dia você imaginou que meditar poderia ser um problema para algumas pessoas, que precisam ser guiadas na meditação? Pois é.

Assim como no caso da meditação, existe sempre uma série de problemas que afetam o ser humano e que merecem proposta de solução. Falamos de aplicativos, mas soluções, assim como problemas, podem ser de qualquer natureza. Saudade da Itália? Gelaterias italianas. Dificuldade para engolir um comprimido? Analgésico líquido. Não come carne? Carne vegetal. E por aí vai, situações-problema e soluções centradas nas necessidades do ser humano.

Vez ou outra nos perguntamos: como fizeram isso? Como descobriram essas necessidades? Lembra-se da empatia? Eles foram capazes de olhar para as pessoas e sentirem, em si, aquilo que elas queriam e cujas respostas não existiam. É dessa forma que as inovações nascem. Não raro, há muita criatividade envolvida nessas situações, mas sem empatia, a criatividade pode não ser suficiente.

Vale dizer que nenhuma dessas soluções foi criada por uma única pessoa – ninguém faz nada sozinho. Foi preciso que houvesse colaboração, pessoas com diferentes ideias e repertórios, somando conhecimentos. Isso é o que ocorre em processos de inovação. Pessoas diferentes doando suas ideias para compor uma solução.

Também é comum que essas soluções sejam testadas, experimentadas, para verificar se realmente estavam oferecendo a resposta esperada. Um, dois, muitos testes de ajuste até que a solução seja validada.

Em síntese, design centrado no ser humano é uma abordagem sustentada em pilares como a **empatia** (capacidade de sentir o que o outro sente), a **colaboração** (ninguém faz nada sozinho, é preciso ter ajuda) e a **experimentação** (testes) para criar as soluções de que os clientes precisam ou que eles desejam. Mas essas soluções precisam ser viáveis (possíveis de ser desenvolvidas) e, ao mesmo tempo, lucrativas para o empresário e acessíveis para os clientes.

Parece mágica? Que nada, é uma abordagem que segue uma lógica bem simples, como veremos a seguir.

O duplo diamante

Você já ouviu falar que "diamantes são eternos"? Uma explicação possível é que a dureza dessa pedra fez dela um símbolo de resistência e constância. Diamantes se tornaram preciosidades, para revelar amores, marcar compromissos e fidelidade. Dizem por aí que só quem tem um diamante sabe seu significado.

Não à toa, a representação do processo de design busca referência no diamante, duplamente utilizado, para representar um processo de transformação de uma ideia em algo adequado e durável. Processo que se faz acompanhar de um kit de ferramentas, com o objetivo de gerar soluções novas para o mundo, incluindo produtos, serviços, ambientes, organizações e modos de interação. Vamos ver?

Antes de tudo, lembre-se de que o processo de design tem na sua base situações de divergência e convergência. Quando se diverge, exercita-se a criação de um maior número de opções. Quando se converge, é o momento de fazer escolhas. Você viu isso na Segunda Parte deste livro.

Já falamos também sobre empatia, colaboração e experimentação. Portanto, ao olhar a representação do duplo diamante, você já começa a entender como o processo do design centrado no ser humano funciona.

Kit de sobrevivência – O que você precisa saber

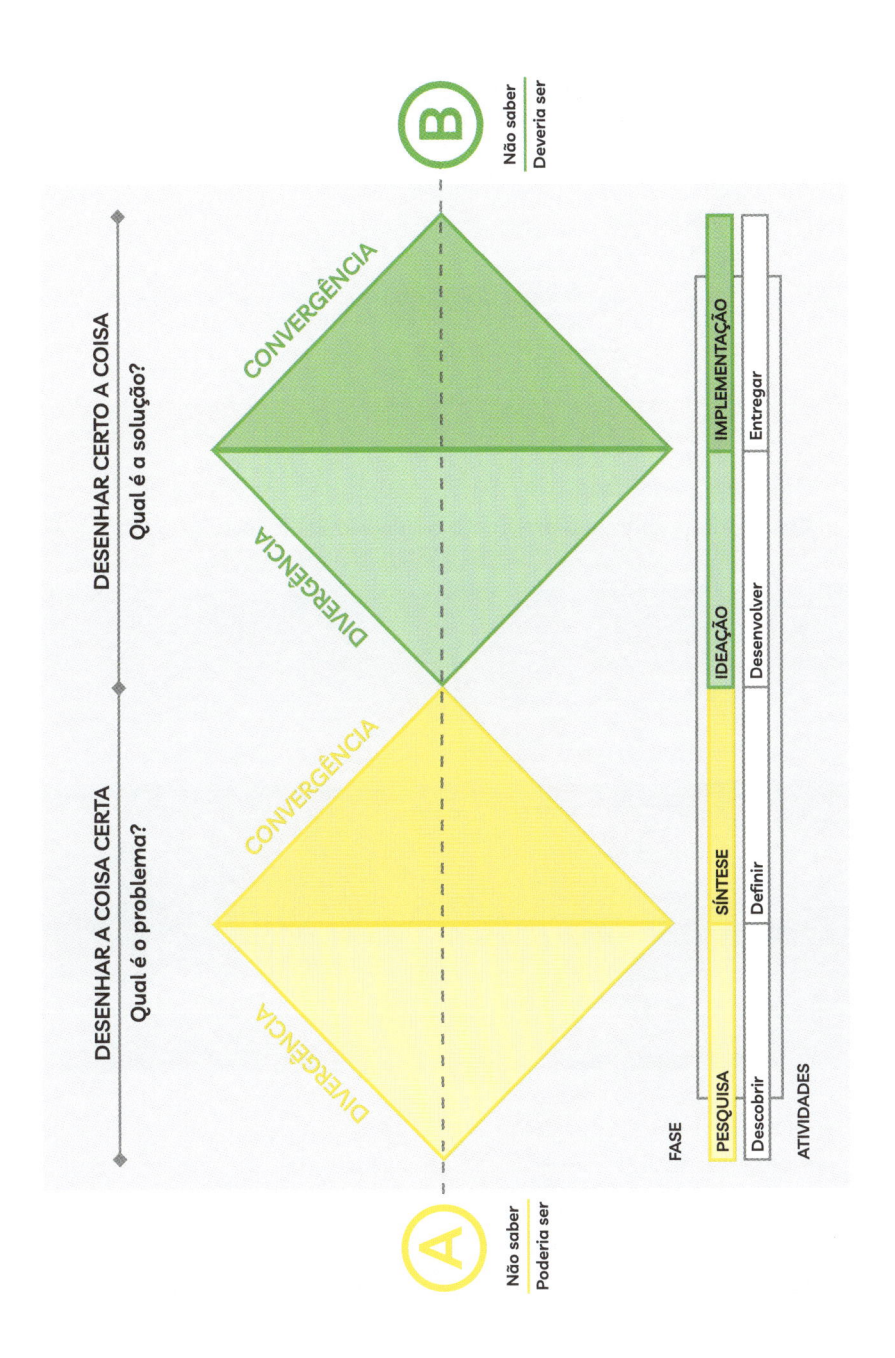

DESENHAR A COISA CERTA
Qual é o problema?

DESENHAR CERTO A COISA
Qual é a solução?

DIVERGÊNCIA · CONVERGÊNCIA · DIVERGÊNCIA · CONVERGÊNCIA

A — Não saber / Poderia ser
B — Não saber / Deveria ser

FASE: PESQUISA | SÍNTESE | IDEAÇÃO | IMPLEMENTAÇÃO
ATIVIDADES: Descobrir | Definir | Desenvolver | Entregar

TERCEIRA PARTE

Observe que a figura do duplo diamante remete imediatamente à divergência e à convergência: primeiro focaliza uma ideia, depois abre essa ideia, a alarga e a focaliza novamente.

FASE – PESQUISA.
Objetivo – Descobrir.
Como – Colocar-se no lugar do cliente, buscar pensar como o cliente pensa.

FASE – SÍNTESE.
Objetivo – Sintetizar.
Como – Redefinindo o problema a partir dos olhos do usuário.

FASE – IDEAÇÃO.
Objetivo – Desenvolver.
Como – Geração de ideias e palpites em busca da solução.

FASE – IMPLEMENTAÇÃO.
Objetivo – Entregar.
Como – Construção de um modelo concreto e verificação se esse modelo está de acordo com o que o cliente quer, se irá funcionar e quais são os feedbacks que ele oferece para melhorar o produto ou serviço.

Perceba que essas etapas estão encadeadas. Porém, elas podem receber diferentes nomes conforme cada autor. Mas todas seguem essa lógica de iniciar com o mergulho no entendimento do problema (descobrir o que precisa ser feito), para depois entrar no processo de concepção da solução (como fazer com competência algo que o cliente deseja). Cada uma com um tempo diferenciado, que vai variar de acordo com a complexidade do que se quer resolver.

Para cada uma delas, há ferramentas que facilitam sua concretização. São muitas as ferramentas sugeridas para cada fase. No livro *Design Thinking*,[16] há várias delas. Você pode baixar a versão gratuita em: **https://www.livrodesignthinking.com.br/**.

Com base na nossa experiência e em várias referências, selecionamos para mostrar aqui algumas poucas ferramentas, porém poderosas, que já nos ajudaram bastante. Por isso, acreditamos que elas podem ajudar você também. Vamos em frente?

Como descobrir o que precisa ser feito? Como investigar e definir o problema?

Um dia eu estava indo a algum lugar e, andando pela rua, percebi que havia muitas folhas caídas no chão. Isso me fez pensar que o clima estava ficando mais seco. Parece simples, não é? Mas foi resultado de uma observação. Observar as folhas caídas ativou uma referência de conhecimento (isso acontece quando o clima começa a ficar seco). Nesse caso, a observação ocorreu fortuitamente. Foi uma observação não estruturada, nem sempre útil para verificar alguma hipótese. Nesse caso, a conclusão sobre o tempo estar ficando mais seco poderia estar equivocada, uma forte ventania podia ter derrubado as folhas.

Para conferir uma hipótese, a observação deve ser estruturada. Você deve planejar a observação para descobrir ou confirmar algo, estabelecendo critérios para observar e os aspectos, situações, locais e pessoas a serem observados.

O que é mais importante nesse processo de observação? Enquanto observa – anotando o que vê –, o observador não faz nenhuma interpretação. Ele simplesmente observa e anota. Relata o que viu. O material resultante será combinado com outras ferramentas, para completar a investigação do problema. Pode ser combinado, por exemplo, com entrevistas.

....
16 Vianna et al., op. cit.

Entrevistas

Uma entrevista é uma conversa, realizada a partir de um roteiro, que cria oportunidade para o entrevistador entrar no universo da pessoa entrevistada, aprofundando o tema que está sendo tratado. Uma boa entrevista requer planejamento, tempo para realização e disponibilidade do entrevistado para responder sincera e verdadeiramente. "Através das entrevistas, é possível expandir o entendimento sobre comportamentos sociais, descobrir as exceções à regra, mapear casos extremos, suas origens e consequências."[17]

Prepare-se para conversar, com calma e franqueza. Prepare-se para aprender. Nessa hora você não quer convencer ninguém, quer descobrir o que o entrevistado pensa.

Lembre-se de:

- Preparar um roteiro com perguntas simples e curtas.
- Evitar perguntas cujas respostas sejam do tipo "sim" ou "não".
- Criar um clima de bate-papo e um contexto de aprendizagem – nunca de venda.
- Dar tempo para que a pessoa pense e responda.
- Não interromper nem tentar completar as frases.
- Que se a pessoa disser "eu penso", "eu acho", isso significa que a conversa NÃO TERMINOU.
- Anotar tudo que puder. Anotar o que a pessoa disse (não o que você entendeu).

Você está aprendendo sobre pessoas, possíveis clientes. Como pensam, do que gostam, seus desejos e necessidades. Vamos verificar isso?

Mapa de empatia

Quanto você já aprendeu sobre o seu cliente? Quanto mais precisa saber? No processo de observação e entrevistas, você estava em um momento de divergência, exercitando a empatia. Agora, vai buscar uma

....
17 Ibidem.

convergência, para encontrar a definição do problema. Aqui estamos fechando o primeiro diamante.

O mapa de empatia vai ajudar a descobrir e sintetizar o que você sabe (ou talvez quem você quer encontrar).

São seis perguntas. As quatro primeiras dizem respeito ao que essa pessoa é. As duas últimas revelam as aflições dela e o que ela precisa, o que quer alcançar.

Ah, ainda não sabe muito bem? Tente descobrir. Não sabe nada? Mapeie como seu cliente pensa, age, vê o mundo. Em primeiro lugar, você precisa saber em qual segmento de clientes está atuando para oferecer uma melhor experiência de consumo. Para um perfil ainda mais preciso, procure agrupar as pessoas desse segmento por suas características em comum. Usando o exemplo de uma creche, podemos segmentar um grupo de pais e mães que trabalham fora e cujos filhos precisam ficar na escola em período integral. Esse é um grupo que tem características socioeconômicas e demandas diferenciadas em relação a famílias que utilizam o serviço por meio período.

Para um melhor planejamento, é importante definir os papéis que cada um desempenha nesse relacionamento e as diferenças entre usuário, comprador, consumidor e cliente.

- **Usuário** – É quem faz o uso do produto ou serviço. No caso de uma creche, por exemplo, o usuário é a criança.
- **Comprador** – É aquele que paga pelo serviço. No mesmo exemplo, seria o pai ou a mãe da criança.
- **Consumidor** – O responsável pela escolha é chamado de consumidor. No nosso exemplo, trata-se do responsável pela criança que decidiu pela matrícula na instituição.
- **Cliente** – É aquele com o qual me relaciono, aquele que atendo e sei quem é. No caso da creche, todos são clientes: a criança, o responsável que paga e quem fez a escolha pela instituição.

Depois, verifique se a conclusão faz sentido, se ela representa mesmo um exemplo de seu cliente. Ao preencher o mapa, você terá a oportunidade de confrontar o que pretende fazer com o tipo de pessoa que poderá vir a ser o seu cliente. Essa é uma informação importante para iniciar o desenvolvimento do seu produto ou projeto.

Mapa de Empatia

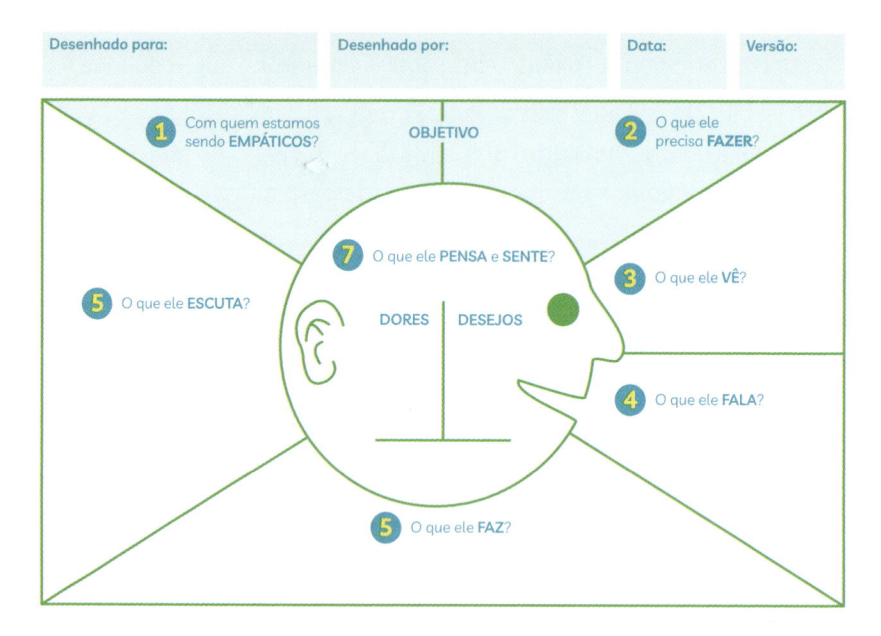

Desenhado para:

Desenhado por:

Data:

Versão:

1. Com quem estamos sendo EMPÁTICOS?
OBJETIVO
2. O que ele precisa FAZER?
7. O que ele PENSA e SENTE?
5. O que ele ESCUTA?
DORES   DESEJOS
3. O que ele VÊ?
4. O que ele FALA?
5. O que ele FAZ?

Esse é o modelo revisado do mapa de empatia. Ao preenchê-lo, sugerimos que você reflita sobre estes pontos:

- Escute as pessoas com cuidado e atenção.
- Deixe que elas falem livremente, evitando interrompê-las, mas abrindo brechas para que falem mais.
- Não faça julgamentos. Prefira usar a empatia e se pôr no lugar do outro.
- Tente encontrar padrões, o que se repete nas falas de várias pessoas. São os padrões que vão dar mais consistência ao seu mapa.

Mapa feito, e agora? Usar uma ferramenta de síntese do que aprendemos é o que precisamos para passar ao segundo diamante.

Como fazer a coisa certa? Formas criativas de entregar

Você trabalhou bastante para conhecer o seu cliente e pretende experimentar uma primeira entrega. Para chegar lá – observando o segundo diamante –, você vai começar divergindo – ideação – para chegar ao que deve ser feito – prototipação. Apenas após ter um protótipo chega a hora de experimentar e testar o que acabou de construir, e aprender sobre o processo.

Cada uma dessas etapas pode ser apoiada por ferramentas. Isso é o que vem a seguir.

Scamper

Na década de 1970, pesquisadores conseguiram criar uma variante do conhecido *brainstorm*, para que você estimule seu pensamento em algumas direções no sentido de gerar diferença. Daí surgiu o acrônimo Scamper, em que cada letra sugere uma linha de raciocínio para a inovação.

A diferença do *brainstorm* para o Scamper é que a geração de ideias é estimulada por palavras-chave, tornando o processo mais produtivo.

Substituir	Substituir os materiais? Processos? Embalagens? Nomes?
Combinar	Combinar os ingredientes? Conceitos? Atividades? Interesses?
Acrescentar	Acrescentar beleza? Facilidade? Canais? Recursos?
Modificar	Modificar forma? Processos? Desenho? Atividades? Nomes?
Propor	Propor novos usos? Novos benefícios? Novos mercados, outras finalidades?
Eliminar	Eliminar atividades? Custo? Recursos? Etapas? Componentes?
Rearrumar	Rearrumar a ordem das ações ou itens? Organização física? Apresentação?

O Scamper contribuiu para determinar o que vai ser feito? Vamos fazer?

Mil maneiras de fazer protótipos

O que era ideia precisa adquirir uma forma concreta. Essa forma concreta é que possibilitará às pessoas experimentarem e interagirem com a solução criada. E são essas interações que irão ajudar a melhorar a empatia e, consequentemente, a solução.

Protótipos são utilizados para:

- Aprender;
- Resolver desacordos;
- Começar uma conversação;
- Falhar rapidamente e com pouco custo (você deve buscar fazer os primeiros protótipos com o menor esforço possível para que quando a solução esteja validada, você tenha recursos para investir de fato na produção);
- Gerenciar o processo de definição da solução.

Um protótipo é um estímulo para a experiência do produto ou serviço. Esses estímulos podem se dar na forma de uma representação, indo até o projeto detalhado em escala real que envolva a participação do usuário. Esse é momento de descobrir as falhas e melhorar o projeto, por meio dos feedbacks obtidos. A prototipação é essencial para o sucesso da solução.

O protótipo pode variar em tamanho e complexidade, mas precisa possuir elementos que permitam que o consumidor teste a solução apresentada como se fosse no mundo real. No quadro a seguir, há várias ideias para você criar o seu protótipo.

Tipo de protótipo	Como ele é
Jornada do consumidor	São exemplos do processo de compra. Podem ser usados exemplos a partir de casos, imagens, vídeos.
Landing page	Página inicial ou páginas mais importantes de um site que são utilizadas inicialmente para avaliar a compreensão, a usabilidade, a efetividade de negócio pela internet. O mais comum é fazer um teste chamado A/B; isso significa fazer dois modelos e experimentá-los com grupos diferentes de clientes, para descobrir o que melhor atende.
Mock-up	Um desenho, um esboço, um diagrama de como a solução funcionará. Em informática, um exemplo funcional de alguma pequena parte de um sistema.
Maquete	Modelo em tamanho real ou em escala de um produto para demonstração.
"Demo" ou demonstração	Apresentar, mostrar ou até mesmo permitir experimentar uma prévia do que será o produto.
Piloto	É uma mostra inicial, com o objetivo de sondar a receptividade e a reação das pessoas.
Beta	É uma versão inicial, contendo o mínimo, para que as pessoas experimentem e comentem o produto, contribuindo para a finalização. O termo tem origem no desenvolvimento de software em que uma versão inicial precede a versão final.
Página no Facebook ou perfil no Instagram	Você pode criar um perfil ou página para mensurar uma ideia ao criar os primeiros posts. Assim você dá vida e começa a colher feedbacks a custo zero.

Qual desses tipos de protótipo melhor se encaixa para concretizar sua ideia? Quando ele estiver pronto, partimos para testar. Vamos?

Formas criativas de testar e aprender

Hora de verificar se sua ideia, produto ou serviço funciona para os clientes. Se é vendável, se é útil, se funciona mesmo. E se suas expectativas a respeito da utilidade ou funcionalidade se confirmam.

É testando que você tem a chance de obter feedback sobre suas soluções, refiná-las e continuar aprendendo sobre seus usuários.

Durante a construção do protótipo, você trabalhou como se soubesse que estava certo. Durante o teste, você imagina que está errado, mas lembre-se de que, nesse momento, o objetivo é refinar sua solução, aprender mais sobre seu usuário, pois é desse aprendizado que resultará uma solução melhor.

Testar é um momento decisivo para qualquer produto ou serviço. Importante dizer que, nesse jeito de inovar, os testes não têm o objetivo apenas de comprovar o que está certo. O teste é um momento de aprender com o usuário. De receber feedbacks construtivos. De identificar oportunidades de melhoria.

E também um momento de cuidado, pois não se pode, por exemplo, testar um produto pela primeira vez com o cliente final. Os testes devem começar com a equipe do projeto e ir se aproximando do cliente final na medida em que as hipóteses se confirmem. Dessa forma, você conhece um dos possíveis processos do design.

Mas existem muitos outros, o importante é que ele seja centrado no ser humano, pois essa é a melhor forma de começar um marketing que funcione, como veremos no próximo capítulo.

Marketing (cada vez mais digital)

Marketing & posicionamento

Aqui, vamos começar a falar de marketing como parte de um processo maior. Você já imaginou que processo é esse? O processo de vendas.

"Vendas curam tudo", ensina o mestre Ricardo Jordão. Toda empresa precisa vender. Além de ser parte fundamental das vendas, marketing também cura tudo, e você precisa dominar minimamente esse assunto.

No processo de vendas, o marketing é uma atividade destinada a se conectar com o mercado para criar e entregar valor – marketing enquanto processo responsável por informar qual o propósito do negócio.

- Informar para o mercado é construir posicionamento, buscar o seu lugar no universo, por meio do alcance de um lugar no coração dos clientes.
- Informar para os consumidores é gerar conexão, provocar o amor, o respeito e a admiração pelo seu produto ou pela sua empresa.

Note que as duas ações se conectam, e essa conexão deve ser positiva para que se chegue a um posicionamento que se transforme em autoridade. Você passa a ser percebido como alguém que sabe, que resolve, que possui valor e credibilidade.

Nesse processo, a primeira iniciativa é descobrir para qual segmento de clientes você quer entregar valor. Pode ser um grande segmento, mas também pode ser um nicho de mercado (nichos normalmente são mais interessantes).

Por exemplo, você quer vender pães e o segmento consumidor de pães é enorme. A primeira pergunta é: qual valor entrego com meu pão? Se você faz um pão caseiro, um pão integral, um pão sem glúten, um pão de fermentação natural, percebe que vai entregar valor para nichos específicos de consumidores?

Você vai se posicionar de acordo com o nicho de clientes e fazer desse nicho o seu alvo no processo de marketing e, consequentemente, de vendas.

Um nicho é um conjunto de clientes com características comuns muito específicas, de forma que se tornam únicas. Um pão sem glúten é para um segmento de pessoas intolerantes a glúten. Mas entregar semanalmente um pão sem glúten com aroma de queijo para pessoas que gostam desse sabor na casa dos clientes na região de Sorocaba é um nicho. É algo que dificilmente alguém vai conseguir imitar.

Você vai conversar com o seu nicho, estabelecer um relacionamento com ele. É ele que vai referendar o seu posicionamento no mercado. Virá o dia em que consumidores amantes do seu pão estarão não só comprando, mas indicando o seu produto para outros consumidores. E você terá conseguido se tornar uma autoridade nesse nicho de clientes.

Em todas as atividades desenvolvidas nesse processo, há uma fundamental. A atividade de comunicação. É por meio da comunicação que se alcança os consumidores e que se conhece a resposta deles. Essa comunicação envolve o boca a boca, os veículos de mídia (rádio, TV, imprensa), os materiais impressos e, hoje, a imprescindível internet, com suas diversas plataformas e redes sociais.

Esse ambiente digital está revolucionando a forma de fazer marketing e impulsionando o processo de vendas. Esse é o tema que destacamos a seguir.

O marketing hoje é digital

Você já sabe que este livro está sendo escrito durante a pandemia do novo coronavírus. Como já dissemos anteriormente, esse foi um período difícil, e a internet tem sido a grande aliada das pessoas em todo o mundo. É por meio da rede que temos uma fonte de informações variadas e atualizadas, fazemos compras e nos divertimos em tempos de isolamento social. Tem sido essa mesma rede a estrutura garantidora da sobrevivência para muitos. Diversos novos negócios, inclusive, surgiram em função das necessidades e demandas impostas pela expansão do coronavírus.

Uma pesquisa realizada pela Kantar, em diferentes momentos da pandemia, mostrou que as pessoas ficavam cada vez mais conectadas à medida que a crise na saúde pública se agravava e aumentavam as restrições ao convívio social. Já nos estágios seguintes da pandemia, a navegação na web foi a que teve o maior aumento, com índice de 70%. O segundo maior aumento registrado foi na audiência de TV tradicional, com índice de 63%, seguido pelo engajamento nas mídias sociais, que subiu 61% se comparado às taxas normais de uso.

Em todos os estágios da pandemia, o WhatsApp foi o aplicativo de mídia social com os maiores ganhos de uso. No geral, o WhatsApp teve um aumento de 40% no uso, mas o levantamento mostra que sua utilização cresce à medida que as pessoas procuram permanecer conectadas. Na fase inicial da pandemia, o crescimento médio foi de 27%, passando a 41% na fase intermediária e chegando ao índice de 51% nos países que já estavam no final da primeira onda da pandemia.

Podemos traduzir esses números afirmando que é praticamente obrigatório estar presente e atento ao mundo digital. Até a sua avó tem um smartphone e uma conta no WhatsApp. São os ambientes digitais – blogs, aplicativos, redes sociais – que estão facilitando atividades cotidianas e os relacionamentos, tanto os contatos entre amigos e familiares como a comunicação entre empresas e clientes. Se antes da pandemia sabíamos da importância do digital, agora isso ganhou destaque e funções para as quais não há caminho de volta.

Falando de marketing, o que você poderia fazer sem o digital? Entre a alternativa de pagar caro por 30 segundos no rádio ou na TV ou conversar, gratuitamente, no Facebook, qual delas você acredita que chega mais perto do seu cliente? Mesmo as grandes empresas, com grana para patrocinar horários na TV, mantêm presença forte e intensa na internet.

Entenda todos os meios e canais em que os seus consumidores estão e marque a sua presença para estabelecer pontos de contato em todos eles. Perceba que, diariamente, surgirão uma nova mídia, uma nova rede social e um novo formato de comunicação. Preocupe-se em entender rapidamente o funcionamento e as formas de interação que cada um desses canais oferece para usá-los de forma adequada. Use os canais sempre respeitando sua identidade visual e os valores de sua marca. Vamos falar sobre isso agora.

Identidade visual e nome da marca

Qualquer marca nasce a partir de verdades e princípios do seu criador. É por isso que tudo que envolve a marca deve ser consistente com os valores originais. A identidade visual abrange formas, cores e tipografia, elementos que são sistematizados para identificar e representar a marca. Ela está presente no nome, na logomarca, em padrões de papelaria e até em formas arquitetônicas, no caso de locais físicos. E, claro, segue os mesmos critérios nos ambientes digitais. É essa identidade que revela o que a marca é e traduz os princípios e valores com que ela foi concebida.

Recordando o exemplo dos pães, se a marca é para um pão sem glúten, nenhuma referência ao trigo deve estar associada a essa marca.

Presume-se que quem concebeu essa marca é uma pessoa que entende a doença celíaca. E que, por princípio, é preocupada com a saúde.

As cores importam. A marca do pão do nosso exemplo não teria a cor do trigo. Uma empresa de produtos vegetarianos não usaria a cor vermelha, porque lembra carne. Já viu alguma marca de orgânicos que não use o verde?

O nome da marca também se relaciona aos princípios. Mas deve ser fácil de entender, fácil de pronunciar, fácil de ler. Nomes em inglês ou em outras línguas podem causar confusão. É bom estar atento a esses detalhes na hora de batizar seu produto ou serviço. Saiba mais no blog: ***https://marcelo.pimenta.com.br/mentalidade-empreendedora/cinco-dicas-para-dar-nome-a-seu-negocio/***

Mesmo que pareça difícil, quanto mais representativo daquilo que é a sua empresa ou produto, melhor será esse nome. No final das contas, a sua marca irá se tornar um símbolo do que é sua empresa ou produto.

Exemplos disso podemos observar na frase: "Não é uma Brastemp, mas é bom". Já ouviu isso? É uma marca que passou a simbolizar qualidade. Ela utilizou a frase, inclusive, para fazer publicidade.

Quer outro exemplo? Ninguém pede refrigerante, pede Coca-Cola. É interessante observar que o nome da marca foi traduzido para o português. Por que será?

Tanto a identidade visual como o nome da marca são elementos de destaque no processo de marketing e vendas. São eles que vão alimentar o primeiro passo no funil de marketing e vendas, nosso próximo assunto.

Funil de marketing e vendas

Já falamos que marketing é parte do processo de vendas. Ele é a chave para atrair clientes. Quem vai vender começa atraindo clientes.

O funil de marketing e vendas é uma ferramenta que representa, graficamente, os estágios do cliente no processo de decisão de compra de seu produto. O uso dessa ferramenta ajuda a identificar ações que possam auxiliar e acelerar o processo de conversão de vendas. Observe o funil. Veja o que está no topo, o primeiro estágio.

Funil de Marketing

```
MARKETING
  ┌─────────────────────────────┐
  │   Público em geral (suspect)│
  │   Potencial comprador       │
  │        (prospect)           │
  │   Oportunidade de venda     │
  │          (lead)             │
  └─────────────────────────────┘
```

No estágio inicial, você tem o público em geral. Mais ou menos como mergulhar no mar para pegar alguns peixes. Há muita água e muito peixe, mas você jamais terá todos os peixes.

Um mergulho no público em geral visa encontrar aqueles que passarão a fazer parte do grupo de clientes potenciais. Pessoas que, provavelmente, terão interesse no que você está vendendo.

Nesse estágio, estamos falando especificamente de marketing. É quando você vai usar canais diversos para informar, mostrar quem você é, qual valor está oferecendo e capturar o público-alvo. Você se lembra das verdades e princípios que nortearam a criação da sua marca? Eles aparecem agora para encontrar pessoas com valores e princípios semelhantes.

Assim que tiver um público atraído, você passa para o segundo estágio do funil. Você vai ver isso mais adiante. Antes, pense nos canais que vai usar para encontrar seus clientes e se relacionar com eles.

Você precisa atender ao básico dos canais digitais

Os canais são meios para alcançar clientes, para se comunicar e se relacionar com eles. Dependendo do estágio em que você está no funil de vendas, poderá demandar diferentes canais.

Nesse primeiro estágio, com o objetivo de atrair clientes, você precisa informar e se deixar conhecer. E nenhum tipo de negócio, nesse estágio, pode ignorar os canais digitais.

Eu sei, você talvez não se interesse em vender pão em uma plataforma de e-commerce, mas se não estiver presente em nenhuma mídia digital, aí é que será mais difícil ainda. Vai atrair quem?

Você precisa estar onde seu provável cliente está. Como muitas vezes não é possível ser onipresente, sugerimos que você se faça presente pelo menos nas principais redes que os clientes brasileiros mais utilizam.

Aqui, cabe uma pergunta: você já comprou pelo WhatsApp? Ou melhor, já vendeu pelo WhatsApp?

Se comprou, você é um consumidor no mundo digital, mas não é o único, há muitos.

Se vendeu, já entendeu a importância do WhatsApp.

Ele é o queridinho dos brasileiros: 98% dos brasileiros conectados usam o WhatsApp, é impossível ficar de fora! Além de fazer atendimentos e vendas, você pode usá-lo para fazer marketing via listas e grupos.

Além do uso massivo do WhatsApp, 130 milhões de brasileiros usam o Facebook. O principal diferencial dessa rede social é o público extremamente diverso, sendo a rede ideal para quase todo tipo de negócio.

O Instagram também é um ótimo canal para negócios apostarem em conteúdo visual e criarem envolvimento com os clientes. O público do Instagram tende a ser mais jovem, e quem quer ter uma presença significativa nessa rede social precisa explorar todos os seus recursos: stories, Reels, IGTV.

O que sustenta um perfil em qualquer uma dessas redes é o conteúdo. Você pode escolher participar de uma ou de todas, o que vai fazer diferença é o conteúdo oferecido. É por meio desse conteúdo que os clientes serão conquistados. Também importa a frequência com que você alimenta as redes. Ela deve ser regular. E, além disso, você precisa deixar claro para o público qual é a sua agenda de produção de conteúdo.

Recordando que conteúdo não é só publicidade, mas tudo aquilo que diz respeito ao seu negócio, aos seus produtos ou serviços, e que sempre vise a empatia com quem lê. Por isso, você precisa conhecer muito bem os seus clientes para falar com eles sobre o que eles entendem.

Você atraiu pessoas do público em geral? Entre essas pessoas estão seus potenciais compradores?

Como diria meu brother Alfredo Soares: #boravender!

Vendas

Funil de marketing e vendas

O início do processo você já viu como é? Se você quis começar a leitura deste livro por este capítulo, volte um passo atrás, senão não irá entender nada.

Falamos sobre o primeiro estágio do funil, quando, no começo de tudo, o objetivo é atrair clientes.

As ações, nesse início de processo, são típicas de marketing, elaborando a comunicação para que pessoas conheçam sua oferta e se sintam atraídas por ela. No segundo estágio, tem início o processo de vendas. É hora de prospectar novos clientes. Descobrir quem pode vir a ser um cliente, um potencial comprador (prospect).

Funil de Marketing e Vendas

MARKETING
- Público em geral (suspect)
- Potencial comprador (prospect)

VENDAS
- Oportunidade de venda (lead)
- Cliente em negociação
- Venda realizada
- Recompra / novas vendas / novos produtos / recorrência

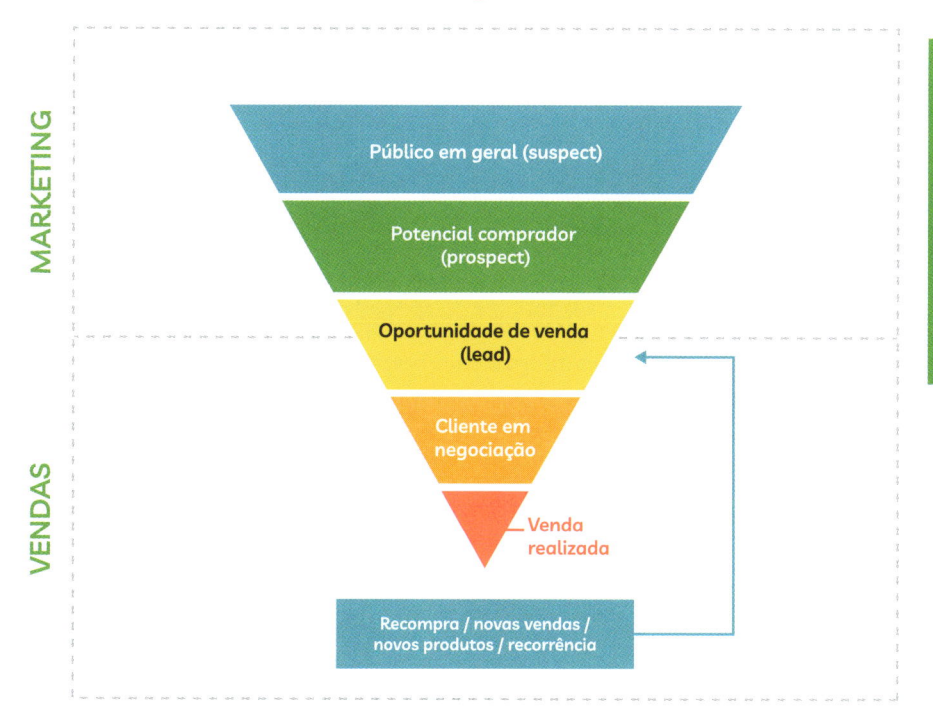

Há diversas formas de fazer prospecção ativa:

- **Telefone** – Você obteve alguma referência sobre a pessoa, percebeu que poderia atendê-la. Liga e estabelece um primeiro contato.
- **Agende visitas** – Vá conhecer essa pessoa de perto. Entenda o problema dela.
- **Participe de eventos** – Feiras e eventos de mercado são ótimos locais para conhecer pessoas que poderão ser seus futuros clientes.
- **Leia jornais e revistas** – Artigos, matérias e notícias podem ajudar a descobrir pessoas que precisem de você.
- **Acesse as redes sociais** – Você sempre encontra pessoas perguntando sobre o que precisam ou reclamando de problemas que você pode resolver.

Você descobriu as pessoas? Se sim, fique atento ao terceiro estágio: criar oportunidades para vender (lead). Hora de aparecer para esses potenciais clientes de diversas formas.

- Agende e realize visitas contextualizadas, temáticas.
- Prepare e divulgue casos de sucesso.
- Promova encontros virtuais apenas para convidados.
- Realize eventos próprios.
- Crie páginas na internet com detalhes e benefícios do seu produto.
- Envie e-mails para a sua base de cadastrados.

A essa altura dos acontecimentos, você já sabe quem são os potenciais clientes e tem as principais informações para contato, como nome, e-mail ou telefone. As suas ações devem resultar na busca do cliente para informar sobre o seu produto.

Você está chegando ao quarto estágio: a negociação. Aqui, suas ações já estão a um passo de realização da venda.

- Você já tem acesso a quem tem o poder de decidir a compra.
- Já pode oferecer suas referências.
- Pode fazer demonstração, degustação ou período de testes.

O resultado desse estágio é a solicitação de proposta ou um produto inserido no carrinho de compras do e-commerce.

No último estágio do funil, você tem a venda realizada. Foi feito o pedido de compra, a nota fiscal foi emitida ou o contrato, assinado.

Esse é o momento mais adequado para intensificar o relacionamento com seu novo cliente. Aproveite o momento para oferecer outros produtos e serviços complementares. Você também pode incentivar novas compras com descontos especiais ou manter o contato com o consumidor propondo contratos de assistência e manutenção do produto que ele adquiriu.

O funil de vendas serve para você avaliar se suas estratégias de venda e marketing estão sendo efetivas. Com o uso dessa ferramenta, você poderá visualizar melhor as ações para gerenciar o seu ciclo de venda.

Essa é uma ferramenta de uso contínuo. Você pode estar em vários estágios ao mesmo tempo. Algumas dicas para ajudar você no dia a dia:

- Pense nas ações comerciais que você pode fazer em cada fase do funil.
- Se possível, quantifique. Defina o número do público em geral. Quantas pessoas têm as condições e as características para ser seu cliente?
- Meça quantos prospects retornam de suas campanhas. A partir daí, promova ações que ajudem a gerar leads (oportunidades de venda).
- Veja quantos clientes estão em negociação (querem detalhes, fazem perguntas sobre prazo, condições, solicitam proposta).
- Acompanhe quantos clientes efetivamente fecham negócio, compram.
- Controle os tempos e a efetividade de cada fase e das ações e busque melhorar cada vez mais.

LEMBRE-SE DE QUE VOCÊ PRECISA TER UM PROCESSO DE VENDAS ATIVAS. Ou seja, é preciso que haja uma pessoa que tenha pelo menos parte do seu dia dedicada a gerar novos negócios, ter uma meta de vendas.

Rotinas de vendas

Todos temos rotinas diárias. Acordar, escovar os dentes, tomar banho, vestir-se, tomar café da manhã. Essa é uma rotina comum, mesmo com pequenas variações, que todos nós temos. Em qualquer tipo de trabalho, há rotinas que são seguidas diariamente. Em vendas não seria diferente.

Todo vendedor precisa estabelecer suas rotinas, porque não existem vendas ao acaso, apesar de existirem compras por impulso.

Uma rotina de vendas deve, no mínimo, incluir:

- **Alinhamento de equipe**: quantas pessoas estão envolvidas no seu processo de vendas? Considere que todos são vendedores, mesmo os que estão trabalhando em áreas de suporte, e devem se comportar como se fossem vendedores. Todos precisam praticar os mesmos valores. Imagine que você é dono de um restaurante de comida vegana, e a pessoa que está no caixa come um hambúrguer na frente dos clientes. De quanto em quanto tempo essa equipe precisa conversar para se atualizar sobre os processos da empresa? Os vendedores estão alinhados para falar as mesmas coisas sobre os produtos? Quantas vezes por mês os vendedores se reúnem para um alinhamento sobre metas e prospects?

- **Ações de prospecção**: estão entre as mais importantes no processo de vendas. Deveriam ser executadas diariamente. Uma ou duas horas por dia devem ser dedicadas a buscar leads. A importância dessas ações é tamanha que vamos falar delas mais adiante.

- **Ações de relacionamento com clientes**: isso pode acontecer de várias formas, desde criar um novo relacionamento, o que pode ocorrer numa rede social, por exemplo, até um relacionamento que precisa ser fortalecido por meio de telefonemas ou visitas. O que você faz para criar, manter e fortalecer relacionamentos? Em quais dias da semana? Quantas vezes por semana? Por quanto tempo se dedica a cada dia?

- **Ações de negociação**: sem negociação não se vende. Isso acontece com que periodicidade? Duas, três vezes na semana? Todo dia? Pela manhã? À tarde? Por quanto tempo?

- **Ações de controle e avaliação**: de quanto em quanto tempo você controla o número de vendas realizadas? O número de negociações em andamento? O número de prospects? Essas perguntas, dependendo do tipo de negócio, precisam ser respondidas diariamente. No varejo, por exemplo, todo dia é preciso saber se as metas de vendas estão sendo alcançadas ou se há necessidade de alguma ação para melhorar. Há tipos de negócios que podem fazer essa análise semanalmente. No seu caso, como isso acontece ou deveria acontecer?

Prospecte todos os dias

A maioria das coisas que fazemos diariamente está relacionada com a nossa saúde. Comer, beber água, dormir. Se não atendemos a essas necessidades adequadamente, poderemos ficar doentes. A mesma coisa acontece com as empresas, elas adoecem por falta de dinheiro, porque não "aparecem" clientes para comprar. Comida também não "aparece", e nós não deixamos de comer todo dia. Entende por que as empresas adoecem?

O que mantém uma empresa saudável são os clientes, e eles realmente não "aparecem", precisam ser conquistados. É necessário correr atrás, procurar onde estão e trazê-los até você. Essa é a ação de prospecção. E todo negócio, de qualquer porte, de qualquer segmento, precisa prospectar.

Onde você procura seus potenciais clientes? Indo onde eles costumam estar. Como disse uma vez o mineiro Milton Nascimento: "Todo artista tem de ir aonde o povo está".

Sabe onde eles estão? Nas redes sociais, nos eventos, nas feiras, nos jornais e nas revistas.

Existem grupos especializados nas redes. Entre nesses grupos e, principalmente, participe deles. Por exemplo, se você trabalha em qualquer segmento de artigos saudáveis, entre em grupos de pessoas que amam a natureza, que fazem dietas vegetarianas, ou em grupos de *slow food*, *slow fashion*. Mas se você vende roupas, por que não buscar grupos de pessoas que curtem moda? Interagir em um grupo, ou em vários, é uma ação proativa de prospecção. Anote na sua rotina, planeje um tempo para isso.

Frequentar eventos relacionados ao seu segmento é outra forma de prospectar. Neles, você vai encontrar muitas pessoas com potencial para comprar de você. Converse com elas, descubra o potencial de cada uma, anote as formas de contato (telefone, e-mail, endereço).

Feiras especializadas são oportunidades para encontrar muita gente. Dependendo da feira, vá mais de uma vez, você vai encontrar públicos diferentes a cada dia.

Se o seu segmento trabalha para outras empresas, seja um pesquisador de nomes em jornais, revistas e sites institucionais. Descubra os empresários pelos seus depoimentos, pelos artigos assinados, pelas notícias. Anote tudo e depois vá atrás para estabelecer uma conexão. Transforme suas descobertas em contatos.

E, talvez o mais importante, use o telefone. Ligue para as pessoas. Fale com elas, seja presente. Elas podem receber mensagens por WhatsApp? Por e-mail? Mande informações sobre seus produtos e serviços.

Se você fizer uma ou mais ações dessas, o resultado será a conquista de novos clientes. Porque você já entendeu que cliente não "aparece", cliente se conquista com um trabalho consistente de relacionamento. E, como em toda conquista, cliente também precisa ser cultivado.

Importância do follow-up

O follow-up de vendas é uma atividade que faz parte dos processos de vendas mais complexas. É importante em vendas que impliquem muitas etapas e variáveis envolvidas, vendas que demoram para acontecer. Por exemplo, vender um imóvel demora, em média, noventa dias. A escolha de um carro pode demorar um mês ou mais. Vendas para grandes empresas ou corporações podem levar até um ano para se concretizar.

Nesses casos, o processo de vendas requer um acompanhamento passo a passo. O vendedor precisa estar em conexão com o cliente, mostrando-se presente e empático. É importante estabelecer o diálogo, seja oferecendo informações complementares, exemplos, seja apontando benefícios.

Nesse contato, é preciso respeitar o tempo requerido pelo cliente. Você precisa se organizar e planejar esse acompanhamento, combinando com o cliente como ele quer se relacionar com você. Isso abrange desde datas e horários até os canais mais adequados para troca de informações.

Esse processo requer proatividade e protagonismo do vendedor, porque ele vai assumir a condução de um processo, e é essencial ter iniciativas para que esse relacionamento seja o mais saudável possível.

Uma dica para esse período é nutrir o cliente, ou seja, cuidar para que ele esteja sempre bem informado sobre o problema dele. Fazê-lo perceber que você conhece o problema, conhece soluções e possui repertório sobre o assunto.

Acompanhamento

Falamos várias vezes em anotar. Mas anotar e não organizar é perda de tempo. Se você não tem tudo organizado, vai cair naquela história do cliente que não aparece.

Acompanhar um processo de vendas, de forma organizada, vai permitir, entre outras coisas:

- Encontrar o contato do cliente rapidamente.
- Acessar o cliente no momento certo.
- Não atrasar na entrega de propostas.
- Manter os relatórios de vendas atualizados.
- Dar retorno aos clientes que já efetuaram compras.
- Realizar processos de fidelização de clientes.

Estamos falando de gestão do relacionamento com cliente, ou CRM.

Dependendo do tamanho da empresa, o melhor mesmo seria um software específico para manter todas essas informações acessíveis e atualizadas. Ou você pode usar um caderno, ou uma planilha eletrônica, apesar de que, atualmente, há soluções tecnológicas para empresas de todo porte, desde as mais caras, passando por recursos acessíveis, até opções gratuitas.

O importante é saber que, sem acompanhamento, ocorrem muito mais erros e perdas de vendas. Com acompanhamento, é possível promover maior interação da equipe e apoio mútuo entre os vendedores, tomar decisões com mais rapidez e assertividade, ampliar o número de leads e o volume de vendas.

Além de permitir ao cliente ver o ciclo completo do processo – prospects, vendas em início, vendas encerradas, vendas perdidas, valores recebidos –, o acompanhamento vai favorecer a fidelização dele.

Você pode estabelecer o tempo entre uma compra e outra, lembrando o cliente que está na hora de comprar novamente um produto. Vai ter condição de oferecer produtos relacionados à compra anterior e produtos novos, de acordo com o perfil de compra de cada consumidor.

Enfim, quanto melhor for o seu acompanhamento, melhor será o seu desempenho. Isso certamente irá melhorar as finanças do seu negócio.

Finanças e controle (precisamos falar sobre isso)

Finanças

A gestão de uma empresa, em síntese, se assenta sobre três pilares:

- **Operacional**: abrange as atividades, os recursos e as parcerias para desenvolver e entregar seus produtos e serviços;
- **Financeiro**: trata dos custos e despesas;
- **Marketing**: envolve clientes, canais, vendas e relacionamento.

O pilar financeiro é crítico, requer gestão e controle efetivos para garantir que a empresa se mantenha saudável.

Controlar as finanças é fundamental

Segundo o Sebrae, a falta de um acompanhamento rigoroso de receitas e despesas é uma das causas de mortalidade de empresas, acompanhada da falta de vendas e de atividades básicas de gestão, como planejamento e controle de vendas.

Para se manter com saúde, uma empresa precisa obter resultados financeiros. Mesmo que ela tenha o propósito de desenvolvimento social ambiental ou se declare uma organização sem fins lucrativos, ela depende dos recursos financeiros. Cabe a ela gerenciar e controlar esses recursos sistemática e continuamente.

Uma empresa precisa ter lucro. Entende-se por lucro a parcela do resultado financeiro do negócio que garante a remuneração dos seus proprietários, ou retorna para fortalecer sua atuação, como no caso das organizações sem fins lucrativos.

Há fatores essenciais que precisam ser monitorados continuamente, com vistas a garantir a obtenção de resultados financeiros. Tal monitoramento vai favorecer o desencadeamento de ações corretivas com rapidez e agilidade, evitando que o proprietário seja surpreendido negativamente.

Pense bem, quem gasta mais do que ganha acaba endividado. Se isso acontece com a empresa, ela pode não sobreviver. Melhor cuidar sempre das contas, não é mesmo?

Receitas e despesas

A gestão financeira tem na essência a lida da empresa com receitas e despesas.

Receita é toda entrada de dinheiro resultante da venda de bens ou serviços. Além dessa fonte principal, ela pode se originar de rendimentos de aplicações financeiras, cobranças de direitos autorais e imagem. Mas atenção: a receita está sempre relacionada com a entrada de dinheiro vinculada à atividade empresarial. Ela é responsável por agregar valor ao patrimônio da empresa. Empréstimos, por exemplo, não são receita. O empréstimo deverá ser pago, não será agregado ao patrimônio da empresa.

Você não deve confundir receita com entrada de dinheiro, apesar de a receita vir a partir dessas entradas. As entradas de dinheiro se transformam em receita quando passam a ser a parte positiva do lucro da empresa.

Atenção: você pode planejar as receitas. Se você sabe quanto terá de despesas e quanto quer lucrar, tem elementos para fazer uma previsão de receita e trabalhar proativamente para alcançar o resultado.

Se não entra dinheiro no caixa, você não paga suas contas. Portanto, sobre receitas, minha sugestão é:

- Anote todas as previsões de receitas.
- Tenha uma marcador para mostrar o quanto suas previsões se confirmam.

As despesas estão relacionadas aos custos da empresa. Em princípio, os custos se dividem em fixos e variáveis:

- Custos fixos são aqueles que se mantêm os mesmos, não sofrem alterações, independentemente do volume de vendas. Salários, aluguéis, limpeza e conservação, vigilância e segurança são exemplos de custos fixos.
- Custos variáveis são aqueles que dependem da quantidade de vendas. São geralmente associados à aquisição de matérias-primas, comissões de vendas e insumos produtivos (água, energia elétrica).

A estrutura de custos é que garante a operação do negócio. Criar e entregar valor, manter recursos e desenvolver atividades custa dinheiro. Dá despesa.

Mas atenção: suas despesas pessoais não fazem parte dos custos da empresa. Separe isso bem direitinho, ou terá problemas no futuro.

Da mesma forma como planeja suas receitas, você também pode planejar suas despesas:

- Anote todas as previsões de despesas.
- Compare previsto x realizado, para que você possa conferir o quanto as despesas são iguais, menores ou maiores do que o previsto.

Ao planejar receitas e despesas, você estará fazendo um orçamento. Isso vai ajudá-lo a controlar melhor o pilar financeiro da empresa.

Faturamento e fluxo de caixa

Faturamento é todo o dinheiro que entra na empresa. O mais comum é acompanhar o faturamento mensalmente, porque é sobre o faturamento mensal que se calcula o valor dos impostos.

No entanto, toda entrada de dinheiro deve ser registrada no fluxo de caixa, assim como todas as saídas de dinheiro. O ideal é que a empresa tenha esse registro diário, porque se ocorrer de haver mais saída do que faturamento, a situação irá demandar cuidado, precisando ser analisada para se decidir qual rumo tomar. Caso seja um problema ocasional, tudo bem. Ao persistirem saídas maiores do que entradas, corre-se o risco de endividamento e crise financeira, muitas vezes irremediáveis.

É por meio do planejamento e do acompanhamento do fluxo de caixa que o administrador poderá projetar os saldos financeiros da empresa a partir dos compromissos já assumidos e das receitas futuras. Isso resultará na tomada de decisão mais segura na hora de aprovar novas despesas, ou ainda para saber se conseguirá honrar seus compromissos nos prazos combinados.

Impostos e obrigações

Ao mesmo tempo que a formalização de um negócio abre inúmeras oportunidades e dá tranquilidade ao administrador, ela traz consigo obrigações fiscais que se traduzem em impostos, taxas e contribuições que, se não forem gerenciados adequadamente, podem custar bem mais do que deveriam. Planejar a carga tributária é possível e necessário. Na abertura da empresa, a decisão quanto ao tipo de sociedade e de negócio implica quantidade e tipos diferentes de tributos. Na composição do rol de produtos e serviços, deve-se observar que itens similares podem ter alíquotas de impostos bem diferentes. Além disso, as empresas podem usufruir de mecanismos legais para simplificação e compensação de impostos que possibilitem reduzir seu impacto no lucro.

Lista de clientes

Quando falamos de vendas, falamos de CRM, gestão de relacionamento com clientes, partindo do princípio de que seria importante para a empresa ter acesso ao cliente com facilidade.

Manter a relação dos clientes com meios de contato, mesmo que seja em um caderno, pode ser a salvação de uma empresa em momentos difíceis.

Há empresas experimentando dificuldades neste momento, em meio à pandemia, com muitos negócios de portas fechadas.

Aqueles que tinham acesso aos seus clientes conseguiram encontrá-los para propor novas formas de atendimento. Aqueles que não tinham ficaram "a ver navios". Esse é o caso de muitos restaurantes, lanchonetes, salões de beleza, mercadinhos, distribuidoras de bebidas etc. Ficaram com as portas fechadas, sem ter como propor uma alternativa.

Aqui você já percebe a relação intrínseca entre vendas e finanças. E entende com mais clareza a importância de gerenciar o relacionamento com clientes. Principalmente com a tendência de crescimento de canais de contato que os meios digitais impulsionam. Você precisará se comunicar em diferentes lugares com um mesmo cliente. Para fazer isso de forma adequada e integrada, como indica o princípio da omnicanalidade, terá de organizar e gerenciar os relacionamentos.

Gestão à vista

Nas palavras de William Edwards Deming: "Não se **gerencia** o que não se **mede**, não se **mede** o que não se **define**, não se **define** o que não se **entende**, e não há **sucesso** no que não se **gerencia**". Se estivesse vivo, Deming completaria 120 anos em 2020. Estatístico, professor e palestrante americano, foi expoente da gestão pela qualidade e um dos responsáveis pelas técnicas e práticas que resultaram na melhoria do processo produtivo das organizações. No Japão, atuou de maneira decisiva para transformar a indústria daquele país em sinônimo de qualidade. Até 1950, os produtos japoneses eram considerados inferiores, sem competitividade internacional – foi a revolução pela qualidade que sedimentou as condições para a criação de marcas com produtos de excelência, como Hitachi, Nissan, Honda, Toyota, Canon – reconhecidas mundialmente por inovação e desempenho.

Deming também é conhecido por ter popularizado o ciclo do PDCA (acrônimo para *plan*, *do*, *check*, *act* – planejar, fazer, checar, agir), base do método de gerenciamento moderno e aliado do gestor eficaz. Ele é a fonte de inspiração do Lean Startup (que sugere o ciclo construir, medir e aprender).

A respeito da importância de CHECAR, Deming sugeriu o que hoje chamamos de gestão à vista: expor gráficos, indicadores, painéis indicativos, para que os envolvidos possam acompanhar o andamento dos projetos, a partir de dados e fatos que representem a realidade.

Desde Deming, foram incorporados à gestão empresarial novos recursos, muitos deles inspirados no design thinking, permitindo que hoje o gestor possa girar todo o ciclo PDCA (ou Lean Startup) utilizando-se de ferramentas visuais. (Se você quiser baixar gratuitamente o e-book *Ferramentas visuais para estrategistas visuais*, que editei em 2012, acesse ***estrategistavisual.com.br***)

Para PLANEJAR, é possível usar o Canvas do Modelo de Negócio, o Canvas da Proposta de Valor, o Balance Scored Card (BSC), o *brainstorming*, a jornada do usuário.

Para FAZER e AGIR, você pode usar desde um cronograma, ou uma matriz de responsabilidades, matriz Swot (ou, em português, Fofa – forças, oportunidades, fraquezas e ameaças), ou mesmo uma *checklist* para plano de ação.

Outra ferramenta visual muito útil é o diagrama de Hishikawa, no qual se identificam as possíveis causas de um problema que precisa ser resolvido.

Cada ferramenta tem um propósito, e muitas delas podem ser usadas de diferentes maneiras.

O mais importante sobre gestão à vista é começar a praticar. Comece compartilhando os dados que já estão organizados. E não pare mais, pois as informações precisam sempre ser atualizadas, checadas, analisadas, redefinidas. Defina os dados mais adequados a serem medidos de acordo com o grau de maturidade da empresa:

- Número de clientes ativos.
- Faturamento previsto x faturamento realizado.
- Propostas na rua e *pipeline* de vendas.
- Número de ligações ou visitas realizadas por dia; taxa de sucesso das visitas.
- Acompanhamento do fluxo de caixa.
- Grau de satisfação de clientes.
- Lucratividade.
- Receitas x despesas.

Lembre-se de que, além do momento empresarial, cada tipo e segmento de negócio tem seus indicadores mais relevantes.

E, talvez o mais importante: gestão à vista facilita gerenciamento e estimula colaboração.

Formas de financiamento / entrada de capital

Existem várias alternativas de financiamento para viabilizar uma empresa, em suas diversas fases – criação, crescimento, expansão, nacionalização, internacionalização. E o financiamento pode vir de uma ou de várias delas ao mesmo tempo. Com base nas referências obtidas na Anprotec, no Sebrae Nacional e na Anjos do Brasil, elaboramos o resumo que segue.

Capital próprio – É a forma mais comum de viabilizar um negócio. É quando o empreendedor põe suas economias ou consegue financiamento com sócios familiares e amigos.

Editais e incentivos – Muitas instituições oferecem bolsas ou outras formas de acesso a capital não reembolsável. Para obter esses recursos, na maioria das vezes é preciso concorrer em editais, que contêm regras, prazos e qualificações desejadas para obtenção de recursos ou outro tipo de apoio. Esses incentivos podem vir de instituições públicas e privadas. A internet é a melhor fonte para encontrar editais abertos a propostas.

Crowdfunding – Iniciativas que buscam arrecadar dinheiro por meio de financiamento coletivo. Na maioria das vezes, você cria uma campanha em um site especializado nesse tipo de financiamento. Normalmente, estipula-se uma meta de arrecadação e retribuições, que variam de acordo com o montante da doação. O princípio aqui é que, quanto mais pessoas se sentirem motivadas pelos resultados do projeto, mais pessoas irão colaborar. A soma de uma pequena contribuição vinda de muitas pessoas pode viabilizar o alcance da meta e a realização do projeto. Exemplos de sites de crowdfunding no Brasil: Catarse, Kickante, Kickstarter, Indiegogo e Vakinha.

Investidor-anjo – O investimento-anjo é aquele efetuado por pessoas físicas com seu capital próprio em empresas nascentes com alto potencial de crescimento (as startups), apresentando as seguintes características:

- É efetuado por profissionais (empresários, executivos e profissionais liberais) experientes, que agregam valor para o empreendedor com seus conhecimentos, experiência e rede de relacionamentos, além dos recursos financeiros, por isso é conhecido como *smart-money*. Tem normalmente uma participação minoritária no negócio.

- Não tem posição executiva na empresa, mas apoia o empreendedor atuando como um mentor/conselheiro.

Incubadoras – Uma incubadora é uma entidade que tem por objetivo oferecer suporte a empreendedores para que eles possam desenvolver ideias inovadoras e transformá-las em empreendimentos de sucesso. Para isso, oferece infraestrutura, capacitação e suporte gerencial, orientando os empreendedores sobre aspectos administrativos, comerciais, financeiros e jurídicos, entre outras questões essenciais ao desenvolvimento de uma empresa. Existem diversos tipos de incubadoras: as de base tecnológica (abrigam empreendimentos que realizam uso de tecnologias); as tradicionais (dão suporte a empresas de setores tradicionais da economia); as mistas (aceitam tanto empreendimentos de base tecnológica quanto de setores tradicionais) e as sociais (que têm como público-alvo cooperativas e associações populares).

Aceleradoras – Funcionam como as incubadoras, porém o foco é mais no mercado do que no produto. A maioria delas possui metodologia estruturada, visando investir em negócios com potencial de crescimento rápido, com retorno financeiro acima da média. Oferecem apoio financeiro, consultoria, mentoria, treinamento e participação em eventos, mas por prazos limitados. Enquanto as incubadoras visam negócios que estejam em sintonia com alguma diretiva governamental e contam com recursos públicos, as aceleradoras são lideradas por empreendedores ou investidores experientes, os recursos são privados, e os negócios devem ser promissores.

Os tipos de investimentos a seguir são, em sua maioria, quantias já significativas, que devem ser investidas para crescimento e expansão de negócios já consolidados.

Venture capital – Inclui toda a classe de investidores de risco. O investimento é feito em troca de uma participação na empresa, que já deve ter um faturamento sólido, mas que precisa de ajuda para crescer mais, fazer operações de venda, fusão ou abertura de capital no futuro.

Private equity – Parecido com venture capital, mas normalmente envolvendo valores de investimento muito superiores, a serem utilizados para grandes expansões. Os investidores são institucionais (empresas e holdings).

IPO (Oferta Pública Inicial) – Quando a empresa já é grande e quer abrir capital para que qualquer investidor possa tornar-se sócio por meio da negociação de ações na bolsa de valores. Apenas negócios muito bem-sucedidos chegam a esse estágio.

Sócios e questões burocráticas

Por que sócios?

Ficamos na dúvida se incluiríamos ou não esse ponto no livro.

Mas eu já vi tantos e tantos negócios fecharem ou irem à bancarrota devido a problemas societários que insisti para que essa parte estivesse aqui. Sem falar de quando a sociedade gera uma discórdia, e os sócios (e, às vezes, até as famílias dos sócios) brigam para sempre. Por isso, é preciso entender: por que você precisa de sócios?

Existem algumas situações em que realmente eles são importantes, mas verifique se uma ou mais delas se enquadram ao seu caso:

- **Você precisa de capital, de dinheiro para investir.** Se for esse o caso, tenha cuidado com relação ao "preço" pago por esse dinheiro. "Nenhuma dívida vale a minha paz." Veja se não há outras opções. Sugiro a leitura do livro *Smart Money*,[18] de João Kepler.

- **Você precisa de alguém com competências complementares.** É normal que algumas pessoas tenham mais facilidade com vendas ou comunicação, e outras para questões operacionais, como pagamento de contas ou administração. Quando você encontra um ou mais complementos que realmente trazem expertise para o negócio, talvez seja, sim, o caso de ter um sócio.

- **A sociedade pode ser também uma estratégia de crescimento.** Se você tem um modelo que funciona e quer expandi-lo para outras regiões ou outros mercados, a sociedade pode ajudar.

Se não for por algum desses motivos, lembre-se de que você pode iniciar a empreitada sozinho e, aos poucos, ir incorporando gente competente, especialista, ou ainda contratar consultorias especializadas. Não esqueça: sociedade é algo muito sério.

---

[18] João Kepler, *Smart Money: a arte de atrair investidores e dinheiro inteligente para seu negócio*, São Paulo, Gente, 2018.

Comam um quilo de sal juntos antes de decidir pela sociedade

Há um ditado popular que diz que você só conhece verdadeiramente alguém depois de consumir um quilo de sal com ela. Ou seja, só depois que passa o tempo suficiente para o saleiro esvaziar é que, de fato, a convivência de vocês pode ser mais bem avaliada. Para quem busca sociedade, isso é mais que importante.

- Seu sócio compartilha os mesmos valores com você? Por exemplo: vocês têm a mesma opinião sobre pagar ou receber propina? Vocês valorizam confiança mútua? Acreditam e praticam transparência nas relações? Valorizam as pessoas e respeitam o trabalho dos outros?
- Vocês vão se dedicar na mesma proporção? Qual será o papel de cada um na sociedade? É comum que uns trabalhem mais e outros menos, e isso gera desconforto, a não ser que tenha sido combinado antes.
- Quais expectativas têm sobre a imagem pública da empresa? Todos "querem aparecer"? Haverá desconforto se alguém for escolhido para representar a empresa em palestras, eventos ou para ser o porta-voz para a imprensa? É preciso definir previamente quem será esse porta-voz, ou se todos estarão preparados para sê-lo.

Sócios familiares – Família, família, negócios à parte

Essa frase é comum, mas nem sempre as pessoas refletem sobre ela com a devida atenção. Vale a pena pôr em risco boas relações familiares por causa de um negócio? Muito cuidado.

Se ter sócio já não é simples, estabelecer sociedade com familiares pode ser mais complicado ainda. O que se diz é que é preciso saber separar o lado pessoal do profissional. Mas isso é mais fácil na teoria do que na prática. Você demitiria seu irmão ou seu cunhado por frequentes atrasos? Ou porque eles não batem as metas? Isso não geraria um constrangimento nas relações familiares?

Não aceite atalhos

- **Confira as obrigações legais** – A primeira delas é que toda sociedade deve ser estabelecida por meio de um contrato. Leve isso a sério.
- **Impostos** – Eles serão calculados e cobrados dependendo do tipo de sociedade. Aprenda sobre eles antes de definir como a sociedade será estabelecida.

- **Legislação** – Há leis que regulamentam vários tipos de sociedades, e para cada uma há regras a cumprir. Analise qual é o melhor tipo de sociedade, antes de estabelecer o contrato, e faça isso obedecendo a critérios legais. Veja na prefeitura questões específicas da cidade e do ramo, como alvará de funcionamento.

- **Avalie os riscos** – Eles sempre existem. O melhor a fazer é você pensar quais os riscos que está correndo, por menores que sejam, e em alternativas para atenuá-los. Uma das formas de minimizar os riscos é inserir cláusulas no contrato. Por exemplo, se um dos sócios desistir da sociedade repentinamente, o que deverá acontecer? A solução pode estar prevista em contrato.

- **Deixe clara a responsabilidade pelas assinaturas** – Defina quem vai ser responsável por assinar. Um dos sócios? Mais de um? Que tipo de documento cada um assina?

- **Defina como será feita a distribuição dos lucros** – Insira no contrato social qual a responsabilidade dos sócios, a forma de distribuição dos lucros e as obrigações em caso de prejuízo.

- **Não acredite em milagres** – Eles simplesmente não existem. Aquela pessoa sobre a qual você tem dúvidas não se transformará em "boazinha" depois de se tornar sua sócia. Não acredite que tudo se resolve depois, com uma boa conversa. Estabeleça os compromissos por escrito.

- **Ter uma empresa ou negócio lucrativo significa trabalhar mais e enfrentar mais dificuldades que ter um emprego** – Mas se você se dedicar ao seu empreendimento com paixão, pode ser gratificante.

> **Ter uma empresa ou negócio lucrativo significa trabalhar mais e enfrentar mais dificuldades que ter um emprego – mas se você se dedicar ao seu empreendimento com paixão, pode ser gratificante.**

Planeje tudo direitinho para que a sociedade se realize da melhor forma e que seja positiva para os resultados da empresa. Combine qual deverá ser a contribuição que cabe a cada um e a respectiva retribuição financeira. Nem sempre é fácil, mas é um objetivo a ser alcançado. Quando aparecerem problemas ou dificuldades, devem vigorar os contratos, que obviamente descrevem o que foi combinado.

Liderança criativa

Há muitos livros e artigos que falam sobre liderança, sempre abordando as diversas formas como alguém conduz um processo, amparado ou não por um cargo. Aliás, há pessoas que estão exercendo funções de chefia que não são necessariamente líderes. Para serem líderes, deveriam saber, no mínimo, delegar tarefas, propor metas e prazos adequados, provocar a motivação e inspirar sua equipe de trabalho.

Quando falamos de uma abordagem criativa de liderança, pensamos que o líder é um apaixonado por contribuir com a transformação – da equipe, da empresa, dos clientes.

Um estilo de liderança

Há muitos livros e artigos que falam sobre liderança, a grande maioria ainda reafirmando o papel do chefe, daquele que ordena. Na liderança criativa, não existe a figura de um chefe. A liderança é situacional. Há o melhor aproveitamento das diferentes competências da equipe para aproveitar o melhor de cada um naquele momento, naquele contexto. A valorização do que é singular em cada um faz disso uma oportunidade para convergir a partir das divergências. O que se busca é a solução de problemas, com apoio dos pilares do design: empatia, colaboração e experimentação.

Características do líder criativo

Você está vivendo criativamente? Está acolhendo os desafios e enfrentando seus medos com coragem, iniciativa e dedicação para revelar seus talentos? Ao escolher ler este livro e chegar até aqui, acreditamos que a resposta é sim. Agora pense que não é só você que está na busca constante por uma vida criativa. Pense que muitas outras pessoas também estão, entre as quais seus parceiros, seus colegas de trabalho, seus fornecedores, seus empregados, atuais ou futuros. Muitas pessoas criativas, cada uma com um repertório diferente, juntas, em busca de um objetivo comum.

Agora vamos supor que você, nesse contexto, é responsável por um processo e, como tal, precisa exercer liderança para que os resultados sejam alcançados. Nesse caso, qual seria o seu comportamento como líder?

Você disse que seria um líder criativo? Ótimo que pense assim. Mas como será esse tipo de liderança?

Maria Giudice e Christopher Ireland, no livro *Rise of the DEO*,[19] lançado em 2014, defendem que a cultura do design, baseada em empatia, colaboração e experimentação, pode forjar esse novo estilo de liderança. E listam seis características desse novo líder. Veja quais são.

1. **Ele é um agente de mudança** – O líder criativo sabe que toda crise é uma oportunidade para mudar. Ele é a faísca que dá a ignição às transformações. Vê soluções onde outros só enxergam problemas. E pensa rabiscando, usando ferramentas visuais e técnicas para criar, conceber e comunicar planos e projetos.

2. **Usa a intuição (e não apenas a razão)** – Esse "novo líder" gosta mais de pessoas do que de coisas. Porque está atento aos detalhes e é um ótimo observador. Em uma conversa, ele não fica olhando para o relógio ou conferindo a todo momento o celular. Ele está presente, olho no olho, por isso confia tanto na intuição quanto na razão.

3. **Desenvolve uma inteligência social** – Cultiva redes de relacionamento – isso não significa apenas trocar cartões em eventos, mas importar-se de fato. E não aparecer apenas para pedir favor ou quando precisa de algo. Ele acredita na força da rede e se esforça não só para ampliar seu networking, mas principalmente para fortalecer os laços já existentes.

4. **Aceita riscos controlados** – Permite-se errar porque sabe que toda a inovação vem da experimentação, do aprendizado por meio de sucessivos testes. Por isso, ele prefere cometer falhas pequenas e ganhar musculatura para quando precisar resolver grandes obstáculos. Além disso, sabe que experimentar não significa arriscar-se à toa.

5. **Faz acontecer** – O líder criativo usa constantemente a regra de Pareto (80/20), princípio criado pelo economista italiano Vilfredo Pareto que reconhece que, para muitos eventos, aproximadamente 80% dos efeitos vêm de 20% das causas. Pareto desenvolveu o princípio ao observar que, em seu jardim, 20% das vagens continham 80% das ervilhas. Ou seja, o líder criativo sabe priorizar e trabalhar nos 20% que

---

....

19 Maria Giudice e Christopher Ireland, *Rise of the DEO: Leadership by Design*, San Francisco, New Riders Publishing, 2013.

são mais importantes. Gerencia sua lista de tarefas e cumpre prazos. Não espera, faz acontecer e cria suas oportunidades.

6. **Tem pensamento sistêmico** – Sabe que pequenas decisões e atitudes fazem parte de sistemas complexos e interdependentes. Por isso, o líder criativo está mais interessado no "porquê" do que no "como". Ele conecta os pontos e aprende sobre influências e motivações.

Como age o líder criativo

Ele exercita a empatia e promove oportunidades de colaboração. Não é um chefe de obra acabada, mas um criador de soluções que evoluem e se ajustam para chegar a um objetivo final que seja excelente.

Age com proatividade. Antevê os problemas e cria condições para que as coisas aconteçam. Você já deve ter ouvido dizer que "fulano teve sorte". Será mesmo? Acredito que esse fulano foi capaz de ver e agarrar uma oportunidade que nós não soubemos ver e, por não termos visto, não pudemos aproveitar. Pense nisso.

Ele sabe delegar. Isso é muito diferente de repassar uma tarefa qualquer. Ele conhece as pessoas com as quais trabalha e quando delega acerta o alvo. Escolhe a pessoa certa. Além disso, discute sobre o assunto, orienta, acompanha. Não fica esperando dar errado, ajuda a acertar o rumo durante a caminhada.

Ele é rápido. Sabe que deve começar logo e experimentar. Experimenta e aprende, em um processo de iteração. Esse processo é muito motivador, porque à medida que os acertos vão acontecendo, mais ânimo e convicção são gerados quanto ao que está sendo feito.

O líder criativo não toma decisões precipitadas. Sabe dar tempo ao tempo. Entende que as coisas não são tão urgentes quanto parecem. Compreende a necessidade de relaxar e deixar fluir a energia para retornar ao problema com um novo olhar.

Inovação contínua

Tudo na natureza é cíclico. Há um movimento contínuo que pode ser observado nas fases da lua, na transformação das plantas, nos ciclos da água. Nascimento, vida e morte, criação, subsistência e destruição.

Esses ciclos não seriam diferentes nas empresas. Fazer com que os negócios sobrevivam à ameaça de destruição demanda vigiar constantemente os ciclos de transformação ao redor.

O espaço no qual os negócios se inserem, o mercado, modifica-se em função de alterações que ocorrem, por exemplo, na natureza, na ciência, na cultura e na economia, sob a influência que essas variáveis exercem sobre as pessoas – os consumidores. É em virtude disso que se torna importante falar em inovação contínua no âmbito empresarial.

Inovar para sobreviver

Se eu pudesse resumir o significado da palavra inovação para qualquer empresa, de qualquer tamanho, diria que é diferenciação gerando valor. E não apenas se diferenciar em relação aos concorrentes, mas, principalmente, em relação aos seus clientes. Se o seu concorrente estiver pensando em matar seu negócio, não é você que vai salvá-lo. Quem vai salvar é o cliente apaixonado pelo que você lhe entrega. Pela diferença que você faz na vida dele.

Nenhum negócio nasce para ter vida eterna. Ele só se eterniza no processo de mudança, de inovação constante. Inovar é renovar, é agregar continuamente diferenciais, seja em processos, produtos e tecnologias, seja no modelo de negócio.

> **Nenhum negócio nasce para ter vida eterna. Ele só se eterniza no processo de mudança, de inovação constante.**

Qualquer negócio é um sistema complexo, constituído por um conjunto de agentes que interagem entre si, que recebe influências de outros sistemas complexos, externos a ele. Se qualquer um dos sistemas com os quais interage muda, o negócio também precisa mudar. E mudar, nesse caso, quer dizer inovar. Vamos pedir ajuda a dois autores, um contemporâneo, Yuval Noah Harari, e o outro falecido há setenta anos, Joseph A. Schumpeter.

No livro *Sapiens: uma breve história da humanidade*,[20] Harari aponta três grandes revoluções que fizeram de nós, humanos, o que somos hoje, resumidamente:

1. **Revolução cognitiva** – Capacidade de pensar, imaginar e criar coisas e subjetividades, dando origem a novas formas de cultura técnicas.
2. **Revolução agrícola** – A vida de caçadores e coletores muda para a domesticação de plantas e animais e para uma vida estável, com as pessoas passando a morar em casas e criando comunidades. Surge o conceito de propriedade e de acúmulo de alimentos para garantir a sobrevivência. Nascem as cidades e os impérios.
3. **Revolução científica** – Acontece nos últimos 500 anos, com mudanças fenomenais. Tudo cresce exponencialmente.

Os últimos 500 anos testemunharam uma série de revoluções de tirar o fôlego. A Terra foi unida em uma única esfera histórica e ecológica. A economia cresceu exponencialmente, e hoje a humanidade desfruta do tipo de riqueza que só existia nos contos de fadas. A ciência e a Revolução industrial deram à humanidade poderes sobre-humanos e energia praticamente sem limites. A ordem social foi totalmente transformada, bem como a política, a vida cotidiana e a psicologia humana.[21]

O autor desenvolve a história da humanidade abrangendo 70 mil anos e aponta que a revolução agrícola começou há 10 mil anos. Já a revolução científica teve início há 500 anos. Observar a velocidade dessas mudanças nos leva a imaginar o que serão os próximos 50 anos, ou os próximos 20, ou mesmo o próximo ano.

Aqui, o que se explora é a velocidade das mudanças, apontando para o fato de que não sabemos tudo, não temos respostas para todas as perguntas e que tudo pode mudar, repentinamente. O que nos permite, como empreendedores, refletir na nossa necessidade de participar das mudanças, pensando em inovar continuamente para manter nossa participação em um processo que é inevitável.

....
20 Yuval Noah Harari, *Sapiens: uma breve história da humanidade*, Porto Alegre, L&PM, 2015.
21 Ibidem.

Enquanto Harari fala do lugar de historiador, Schumpeter construiu seu pensamento do lugar de economista. Ele tem como base o sistema capitalista – propriedade, produção, mercado, lucro –, e é dele a teoria do ciclo econômico, base da ciência econômica contemporânea. No entanto, o conceito do autor que ainda ecoa é o da "destruição criativa", publicado no livro *Capitalismo, socialismo e democracia*,[22] em 1942. Para ele, as inovações introduzidas no mercado são forças para o crescimento econômico, e a qualidade inovadora, responsável por fazer do capitalismo o melhor sistema econômico.

O fenômeno da "destruição criativa" ocorre quando uma inovação entra no mercado substituindo algo que já existia. Por exemplo, os smartphones substituíram o celular, que ocupou o lugar que era do telefone fixo. Os aplicativos bancários substituem (mesmo que parcialmente) os caixas eletrônicos, que estão substituindo os atendentes nos bancos. As plataformas de música e filmes substituem CDs e DVDs.

Toda vez que uma inovação criativa chega ao mercado, este sofre um processo de readequação, com oportunidades e perdas. Essas perdas o autor chama de destruição. O que se perde? O próprio produto que está sendo substituído e, com ele, a cadeia de produção, distribuição e vendas, no todo ou em parte.

No entanto, você não precisa criar "a bala de prata" para desestruturar o mercado. O que você precisa é manter-se em processo de inovação, para encontrar, ou descobrir, ou perceber as oportunidades quando elas surgirem. O próximo tema vai ajudar você a trabalhar para isso.

Estratégia da inovação radical

Segundo Pedro Waengertner, empreendedor serial, CEO e cofundador da ACE, principal aceleradora de startups da América Latina, autor do livro *Estratégia da inovação radical*,[23] leitura recomendada para quem quer inovar cotidianamente:

> *A hora de agir é agora. Cada vez mais. E temos casos e mais casos de empresas que não agiram na velocidade ou com a contundência necessária e viram seus negócios ruírem. Essas empresas não deixaram*

---

22 Joseph A. Schumpeter, *Capitalismo, socialismo e democracia*, São Paulo, Editora Unesp, 2017.

23 Pedro Waengertner, *Estratégia da inovação radical: como qualquer empresa pode crescer e lucrar aplicando os princípios das organizações de ponta do Vale do Silício*, São Paulo, Gente, 2018.

de agir porque eram mais lentas, mas por não perceberem a ameaça como iminente. Ou, principalmente, por não perceberem o tamanho da oportunidade.

O autor afirma ainda que

> a inovação envolve revermos nossa maneira de pensar a estrutura do negócio. Precisamos pensar em como podemos desenhar uma organização que responda aos desafios do mercado. Pensar em como podemos ter as melhores pessoas, trabalhando em projetos realmente relevantes para o resultado da companhia. E pensar em como adotar as tecnologias em ciclos mais curtos e eficazes, como uma prática constante.

Mas orienta que o processo nem sempre é fácil. Para ajudar as empresas que querem inovar, ele lista, discute e exemplifica seis princípios, que decidimos resumir aqui, como estímulo ao início de um novo jeito de fazer acontecer.

1. **Design organizacional** – A forma como a empresa está estruturada reflete em todos os seus processos, por exemplo, na comunicação, nos controles, na tomada de decisão. Para inovar, é preciso trabalhar de um jeito diferente. Comece reorganizando parte do seu time, modificando processos, com líderes criativos (veja o capítulo sobre liderança criativa). Se você começa com uma equipe, aos poucos toda a empresa estará se mirando nos exemplos dela. Aqui, cabe a frase de Gil Giardelli: "Não use velhos mapas para descobrir novas terras".

2. **Gestão ágil** – Trabalhar os projetos de um jeito diferente. "Pensar como uma startup pensa." As metodologias ágeis são métodos compostos de ciclos curtos, iterativos e incrementais. Como já explicamos, iterar é repetir a busca para acumular informação e experiências e construir conhecimento. Esse conhecimento adquirido na iteração propicia a incrementação, ou seja, a melhoria do que inicialmente estava proposto. Essa forma de trabalhar oportuniza a flexibilidade e a adaptabilidade necessárias para atender às demandas de forma assertiva e veloz. Esses ciclos são passíveis de inspeção e adaptação, com foco na geração de melhoria contínua tanto para as equipes quanto para os processos. Com as novas exigências dos mercados,

as metodologias ágeis migraram do mundo do software para o desenvolvimento de outros produtos e serviços.

3. **Mate seu negócio** – Você já sabe que negócios não nascem para viver eternamente. Imagine o que vai ser o futuro, crie e desenvolva projetos para chegar a esse futuro. Experimentar pode levar a descobertas inesperadas.

4. **Pensar como investidor** – Diversifique suas apostas, mas avalie os riscos e probabilidades de os ganhos serem altos, em vez do risco de perder. Imagine qual o tamanho do resultado que poderá ter se esse investimento der muito certo, antes de aplicar a parte dos recursos destinados ao investimento de risco. No lugar de pensar em erros, pense em resultados. Jogue no ataque e não na defesa.

5. **Trabalhe com parceiros** – Traga para junto de você quem for capaz de ajudá-lo a ser melhor. Podem ser outras empresas, como startups, por exemplo, com as quais você venha a fazer combinações de colaboração mútua.

6. **Cliente no centro** – As empresas mais inovadoras do mundo não são obcecadas com suas concorrentes, são obcecadas com o cliente. O cliente possui necessidades e expectativas que o fazem buscar quem o atenda, e a competição se dá pela capacidade de atender às reais demandas dos clientes, indo além das expectativas.

Em síntese, toda empresa precisa de mais do que um plano de inovação, precisa trabalhar para ser inovadora. Vejamos, então, um exemplo de empresa inovadora, a 3M.

Modelo 3M

Como manter acesa a chama da inovação dentro da empresa? Como conseguir constantemente renovar seu catálogo de produtos e serviços para superar as expectativas do consumidor? Como garantir e ampliar o lucro (não só financeiro, mas também social e ambiental)?

A 3M é uma empresa nascida em 1902, que começou fazendo abrasivos. A análise e o aprendizado com o mercado foram decisivos para a criação da fita-crepe. Alguns anos mais tarde, inventou o durex. Depois, foi pioneira na fita dupla-face. E assim continua com o adesivo via spray. Há mais de cem anos, essa empresa não nasceu para ser inovadora. Foi por influência dos líderes que se transformou em uma usina de ideias, de empreendedorismo, e se converteu em uma empresa que tem 55 mil itens de produtos, nas áreas de saúde, indústria, eletrônicos, segurança e consumo. É proprietária de muitas marcas. Duas você certamente conhece: Post-it e Scotch-Brite (a esponja na sua cozinha).

Cada empresa precisa encontrar suas respostas, mas talvez a solução fique menos complexa se conhecermos as melhores práticas das empresas inovadoras. A 3M é reconhecida no Brasil e mesmo mundialmente, premiada por seu sistema de inovação.

Luiz Serafim, *head* de marketing da empresa no país, no livro *O poder da inovação*,[24] lista os quinze princípios que fazem da 3M uma organização que tem resultados muito acima da média. Resumimos aqui cada um deles, para que você possa conhecer como uma empresa alcança o sucesso em função, principalmente, de sua crença e prática na gestão da inovação.

1. **Desenvolva e comunique a visão estratégica** – A direção deve ser transparente sobre os objetivos que deseja alcançar. A visão de futuro de uma empresa inovadora deve ser inspiradora e ambiciosa para obter crescimento.

2. **Mantenha a conexão com os clientes** – A inovação só acontece quando o cliente percebe valor no que você oferece. Portanto, toda novidade só tem sentido se for reconhecida pelos clientes – razão de a empresa existir.

3. **Delegue responsabilidades** – Na 3M, essa máxima é sintetizada pela frase "contrate bons funcionários e deixe-os trabalharem".

4. **Prepare lideranças** – São os líderes que concebem visões de futuro, inspiram e mobilizam os times para alcançar objetivos.

5. **Estimule o empreendedorismo corporativo** – Crie condições para que todos os colaboradores possam apresentar, discutir, melhorar e implementar iniciativas que visem melhorar o negócio.

6. **Reconheça os melhores** – Se você quer que os funcionários se sintam "donos" do negócio, eles devem ser recompensados pelos acertos.

---
24 Luiz Serafim, *O poder da inovação: como alavancar a inovação na sua empresa*, São Paulo, Saraiva Uni, 2012.

7. **Assuma riscos e tolere erros** – Não há como inovar sem errar. O erro é inerente ao processo de inovação.
8. **Aposte na diversidade** – As equipes devem contemplar a diversidade indo além das questões de gênero, raça, idade, para poder melhor contemplar diferentes pontos de vista e a pluralidade de perspectivas e experiências.
9. **Incentive a colaboração** – Ninguém faz nada sozinho. Criar redes de colaboração (internas e externas) é essencial para a inovação.
10. **Continue crescendo, com foco no futuro** – O passado serve para sustentar a reputação, para construir reconhecimento à marca, para aprender e testar modelos. Mas não adianta gerenciar olhando pelo retrovisor; para frente é que se anda!
11. **Estabeleça processos de gestão adequados** – Defina claramente as ferramentas para análise, tomada de decisão, mecanismos para avaliação. Crie condições para encontros periódicos e outros rituais que possam dar uma segurança maior ao grupo sobre as escolhas feitas durante o caminho.
12. **Desenvolva ao máximo suas competências centrais** – Valorize aquilo que você faz de melhor. Reconheça suas competências excepcionais para extrair delas o máximo de resultado.
13. **Monitore seu progresso** – Os projetos inovadores PRECISAM de indicadores, métricas de resultados (% de vendas e de lucros), tipos de inovação (melhorias, incrementos), de processo (número de ideias, de patentes, de novos produtos), entre outros elementos. Mais do que nunca, quem não mede, não gerencia.
14. **Cultive a ética como um valor inflexível** – As soluções devem ser geradas num contexto de atender às necessidades dos clientes sem abrir mão dos melhores princípios de transparência, respeito, justiça em todas as relações humanas (com fornecedores, acionistas, parceiros, time), e de valores ambientais e sociais.
15. **Faça o que mais gosta de fazer** – A paixão é a fonte de inspiração para enfrentar as dificuldades do dia a dia. Portanto, trate sempre de encontrar uma forma de fazer aquilo que ama. As mudanças devem ser encaradas como oportunidades. Ser criativo e otimista é alimentar uma energia empreendedora que gratifica aquele que vê sua ideia transformada em ação.

Uma pequena ajuda para a caminhada rumo à inovação

Incentive uma cultura capaz de ver cada mudança como uma oportunidade de melhoria, de reinvenção. Que possa apontar direções novas, criando um movimento evolutivo na vida da empresa.

Cultive uma mentalidade aberta entre as pessoas, somando ações de cada uma para influenciar no comportamento de todos. Mantenha-se em aprendizado constante. O que sabemos hoje é provável que não nos sustente amanhã.

Desapegue-se do passado. Tenha sabedoria para manter a essência e mudar o que precisa ser mudado. Aqui está o segredo do desaprender, que nem sempre quer dizer esquecer, mas evoluir, agregando aprendizados novos aos antigos conhecimentos.

Gere movimento. Nada virá até você dentro de uma sala de portas fechadas. Saia. Comece conversando com sua equipe. Faça visitas. Mude a rotina. Descubra coisas novas. Faça coisas diferentes.

Seja você o agente de mudança. Seja o primeiro a conhecer tudo da empresa, entenda o que precisa mudar e influencie as pessoas.

Inspire-se na natureza. Observe como animais e plantas reagem às pressões externas. Como se comportam mediante o perigo. Como cultivam a beleza. Estude um ecossistema para aprender como ele funciona, como se mantém duradouro, como se dão as trocas. A natureza é rica em exemplos, podemos nos apropriar deles para mudar a nós mesmos e para criar coisas novas.

E tenha certeza: as coisas que realmente valem a pena não exigem perfeição, apenas dedicação e boa vontade.

> **As coisas que realmente valem a pena não exigem perfeição, apenas dedicação e boa vontade.**

Tendências e ideias para negócios inovadores

O que já sabemos é que o cenário atual nos apresenta um mundo volátil, no qual tudo muda muito rápido. A velocidade das mudanças gera incertezas. Quando precisamos olhar adiante, pensar no futuro e tomar decisões, deparamo-nos com problemas complexos, regras que não fazem sentido e múltiplas respostas possíveis que nos deixam em dúvida e, às vezes, perplexos. Uma atitude positiva para apaziguar essa realidade é observar o que acontece, buscar informações e compreender que aprender continuamente é tão necessário quanto comer e dormir. E já que não dá para frear o futuro, é melhor se preparar para ele, descobrir o que essas mudanças trazem de bom, a partir das transformações e tendências, para criar e desenvolver novos negócios.

O que vem por aí?

Para pensar o que vem por aí, já que não temos certezas, procuramos descobrir quais tendências despontam no horizonte. Para entender o que é uma tendência, buscamos a definição de Luís Rasquilha, no livro *Coolhunting e pesquisa de tendências*[25]:

> Uma tendência é um PROCESSO DE MUDANÇA que resulta da observação do comportamento dos consumidores e que origina a criação e o desenvolvimento de novas ideias: de negócio, de produto ou de serviço, de marca ou de ação. É um processo de mudança comportamental que está assente em mentalidades emergentes e que é suportada, posteriormente, em interpretações passíveis de gerar insights capazes de serem convertidos em negócios. Insight é tudo o que, do ponto de vista do consumidor, traz uma nova e relevante forma de ver, criar, produzir e vender uma companhia, marca, produto ou serviço.

O comportamento dos consumidores muda em função das transformações do mundo e dos padrões que, a partir dessas transformações, se tornam perenes conforme já vimos na Primeira Parte do livro.

---

25 Luís Rasquilha, *Coolhunting e pesquisa de tendências: observar, identificar e mapear as tendências e mentalidades emergentes do consumidor*, Coimbra, Actual, 2015.

Para estimular você a aprender mais, identificamos algumas tendências que estão pautando as demandas dos consumidores e para as quais há um enorme espaço para o exercício da criatividade e da inovação.

Longevidade

As pessoas estão vivendo mais tempo. Em seu livro *Longevidade inteligente*,[26] Alexandre Correa fala sobre história e futuro da longevidade e sobre as dimensões da longevidade inteligente. Ele afirma: "Nos últimos 50 anos, a humanidade ganhou em média dois anos e meio a cada década de vida. Não por acaso, os centenários são o grupo que mais cresce em todo o mundo". De acordo com o Instituto Brasileiro de Geografia e Estatística (IBGE), em 2030 o Brasil terá 13,54% de sua população acima dos 65 anos, estimativa que representa mais de 30 milhões de pessoas idosas.

Esse segmento é tão diversificado quanto qualquer outro segmento demográfico, ou até mais, e com ele nascem novas demandas para o mercado. Você não pode pensar nesse grupo como um bloco único de terceira idade, mas deve entender que, primeiramente, ele mesmo não gosta dessa denominação e, em segundo lugar, que ele é um conjunto de nichos com demandas distintas, necessidades específicas. Algumas possibilidades para pensar:

- Produtos e serviços geriátricos para idosos dependentes;
- Ensino de línguas, tecnologia, temas da atualidade para idosos ativos e curiosos;
- Viagens especiais para idosos ativos com condições financeiras;
- Alimentos prontos e saudáveis para idosos que moram sozinhos;
- Atividades recreativas associadas a atividades físicas;
- Clubes de lazer, com jogos, bailes, shows;
- Moradias compartilhadas;
- Serviços de fisioterapia em domicílio.

---

26 Alexandre Correa, *Longevidade inteligente: como se preparar para uma vida de 100 anos*, São Paulo, Novatec, 2020.

Meio ambiente e qualidade de vida

"Defender e melhorar o meio ambiente para as atuais e futuras gerações se tornou uma meta fundamental para a humanidade." Essa frase está na Declaração da Conferência da ONU sobre o Meio Ambiente, de 1972. Atualmente, mesmo quem não está muito ligado ao tema tem atitudes que demonstram cuidado com o meio ambiente. Questões como reciclagem de lixo, saneamento, queimadas, poluição fazem parte das nossas vidas e estão presentes desde as conversas e discussões mais banais até os círculos de estudiosos e especialistas.

Aliada às questões ambientais está a qualidade de vida, acrescentando as problemáticas da saúde e da felicidade. Obviamente, o descuido com o meio ambiente gera problemas de saúde, o que não é desejável. Isso tem sido pauta de documentários e reportagens, temas de livros e cursos regulares e abertos, além de manifestações nas redes sociais, abrindo, portanto, oportunidades para empreender. Alguns exemplos:

- Produtos orgânicos;
- Produtos veganos;
- Produtos vegetarianos substitutos de proteína animal;
- Produtos substitutos para intolerâncias (a glúten, lactose);
- Serviços de terapias alternativas;
- Cursos abertos sobre tema relacionados a bem-estar, autoconhecimento, felicidade;
- Serviços e produtos de apoio à meditação;
- Produtos para autocuidado;
- Serviços de organização;
- Serviços de limpeza e higienização de casas e edifícios;
- Serviços de jardinagem e plantas para apartamentos;
- Movimentos ativistas (coleta de lixo, cuidado com animais etc.).

Economia circular

Está relacionada à preservação do planeta e ao meio ambiente como um dos aspectos ligados à sustentabilidade, além do social, pensando nas pessoas, sua condição de vida. Na base estão os conceitos: reuse, recicle, reutilize. Incluímos aqui a ideia do compartilhamento enquanto redução de consumo. Veja o que já encontramos:

- Brechós, com inúmeros produtos usados;
- Serviços de customização, para aproveitamento de roupas e acessórios;
- Aluguel de produtos de pouco uso, como roupas de festa, fantasias, ferramentas;
- Produtos a granel, o cliente leva seus próprios potes e compra apenas a quantidade necessária;
- Serviços de coleta de recicláveis, como óleo de cozinha, eletrônicos, pilhas e baterias;
- Fabricação de composteiras para apartamentos;
- Indústria de reciclagem;
- Produtos biodegradáveis;
- Veículos de uso compartilhado; como carros e bicicletas;
- Compartilhamento de áreas de trabalho (coworking).

ECONOMIA DA PAIXÃO

Economia da paixão

É um novo conceito, a partir da busca pela simplicidade e pelo significado. O que se busca é não viver em estresse, é descomplicar na empresa e facilitar para o cliente. Fazer o que se gosta, entregar o que o cliente ama. Ao que parece, temos uma evolução da qualidade de vida, pois além de fazermos o que nos faz bem, agregamos o significado daquilo que fazemos e o amor pelas nossas atividades. Se de um lado a empresa faz o que ama, do outro existe um cliente que ama o que a empresa faz. A partir desse encontro, a economia gira, ou melhor, já está girando. Veja como:

- Produtos e serviços criativos, que fazem as tarefas do dia a dia mais divertidas, e produtos geek;
- Serviços com interação mais direta entre fornecedores e consumidores;
- Produtos e serviços individualizados;
- Assinatura de flores;
- Muralismo, pinturas artísticas para paredes internas e externas;
- Audiência como fonte de ganhos.

Aproveitar os nichos

Em 2006, Chris Anderson publicou o livro *A cauda longa*,[27] falando especificamente sobre nichos. Dizia: "Cada vez mais o mercado de massa se converte em massa de nichos. Essa massa de nichos sempre existiu, mas, com a queda de custo para acessá-la [...], se transformou em força cultural e econômica a ser considerada".

O autor fala que a economia do século XXI vai se concentrar intensamente em nichos. No livro, ele usa o exemplo de músicas e filmes para demonstrar como esse mercado estava se transformando. Mas a lição aprendida, cada vez mais validada, é que haverá sempre um nicho para receber o que está sendo ofertado.

---

27 Chris Anderson, *A cauda longa: a nova dinâmica de marketing e vendas: como lucrar com a fragmentação dos mercados*, Rio de Janeiro, Elsevier, 2006.

Se você quer fazer o que ama, encontre o seu nicho, porque ele existe. Enquanto isso, observe o que já acontece:

- Jurídico especializado em pets;
- Dentistas para portadores de deficiências;
- Professor de inglês para idosos;
- Marido de aluguel (e a versão feminina, com mulheres que só atendem mulheres);
- Assinatura de lavagem de roupa;
- Assinatura de leites vegetais;
- Assistentes de parto;
- Assistentes de compras de enxoval de bebê.

De uma certa forma, todas as transformações e tendências se conectam, bem como será possível encontrar nichos em cada uma delas. Interligando tudo isso está a tecnologia, com a digitalização, as redes, os softwares, as plataformas, os dispositivos móveis (celulares, tablets, notebooks). É por meio desses recursos que acessamos filmes e músicas preferidos, ganhamos produtividade e nos divertimos com aplicativos, conversamos com amigos distantes nas redes sociais.

Esse cenário em evolução, com os autônomos, impressoras 3D, internet das coisas, robôs, inteligência artificial, biotecnologia, é inspirador. Compensa viver as incertezas e abre portas à imaginação e à realização da paixão que vive em cada um de nós.

QUARTA PARTE

Guia prático
Etapas para um projeto próspero, suave e feliz

"Não escrevo livros para que sejam lidos e que assumam minhas ideias de forma irrestrita, aceitem minhas propostas para fazê-las da maneira como fiz. Faço-os para que meus amigos, ao lerem, possam refletir, discutir, corrigir, analisar e, se superarem suas incontáveis deficiências, fazê-las transformar-se em ação."

Esse texto, publicado em 2015, é do educador brasileiro Celso Antunes. Está em absoluta conexão com a nossa proposta de ajudar você a se tornar um protagonista da economia da paixão. Você já sabe o que é *Ikigai*, agora é pôr em prática o que já aprendeu na teoria.

Permita-se. Tenha um tempo para seu projeto. Crie sua pasta, tenha seus materiais e reserve um espaço na sua agenda para dar seus passos, no seu ritmo.

Com leveza e prazer, siga o passo a passo. Risque, rabisque, faça, refaça, mude. Você provavelmente já viu alguma imagem semelhante a esta:

Seus planos	Realidade

E é a pura verdade. Portanto, divirta-se ao longo do caminho e não deixe que fatores externos a você atrapalhem sua jornada.

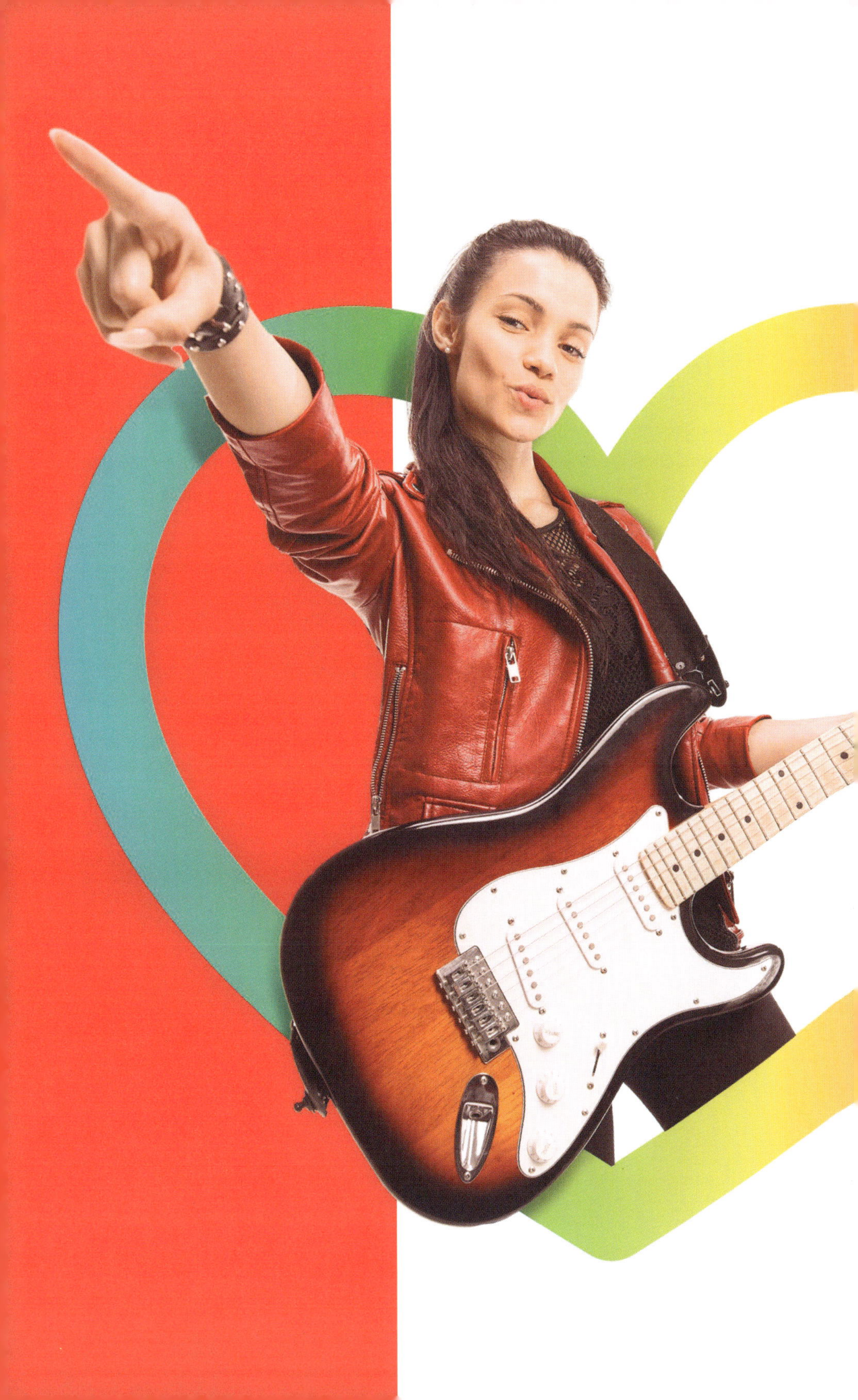

Encontre seu *Ikigai*

Você acredita que tudo na vida pode melhorar? Está realmente satisfeito com tudo que está fazendo? Já pensou em mudar e não sabe como? Como diz o ditado popular, "não deixe para amanhã o que você pode fazer hoje". Encontre seu *Ikigai*. Você vai procurar dentro de si, descobrindo o que ama fazer, o que sabe fazer, o que o faz feliz de verdade.

Preparamos algumas atividades que, ao final, poderão causar surpresa: "por que não pensei nisso antes?". Faça as atividades na sequência, utilize os espaços do livro para anotar, ou se preferir use um caderno ou folhas soltas. Se for escrever no livro, melhor que o faça a lápis. Pense também em usar post-its, eles facilitam a troca e a reordenação das ideias.

Comece agora, lembre-se da frase de Chico Xavier: "Embora ninguém possa voltar atrás e fazer um novo começo, qualquer um pode começar agora e fazer um novo fim".

Ikigai passo a passo

O que vamos encontrar ao final de quatro passos são as hipóteses de novas carreiras para viver uma vida apaixonante. Em cada passo, você vai encontrar uma ou mais atividades que serão determinantes para alcançar suas hipóteses, que serão trabalhadas em seguida.

> **DICA**
>
> Se não quiser escrever no livro ou se desejar fazer os exercícios várias vezes, fotografe e imprima para repeti-los à vontade.

Guia prático – Etapas para um projeto próspero, suave e feliz

PASSO 1 – ENCONTRE O QUE VOCÊ AMA

Nesse primeiro passo, temos três atividades, para resgatar o que você ama.

Atividade 01

Você sabe, exatamente, aquilo que você ama? Mesmo que você diga que sim, a primeira coisa a fazer é externalizar isso. Nesse processo, você se certifica quanto aos seus pensamentos e pode até mudar de ideia. Aliás, se acontecer uma mudança, não se assuste, é bem normal.

Anote tudo que você faz no seu tempo livre. Nos intervalos do trabalho, nos finais de semana, nos feriados. Liste tudo ou use post-its e cole aqui. Use um para cada coisa de que você se lembrar.

_____
_____
_____
_____
_____
_____
_____
_____
_____
_____

QUARTA PARTE

ECONOMIA DA PAIXÃO

Atividade 02

Crie o seu cenário ideal de vida. Pegue uma folha de papel grande. Nela você pode desenhar e colorir, colar recortes de revista, destacar objetos. Pense em tudo: o local onde você deseja estar, o que estará fazendo, as coisas a sua volta, as pessoas e até os animais. Crie um quadro da sua vida idealizada.

Você pode fazer isso sozinho, junto com outras pessoas, por exemplo, com amigos, irmãos, família, filhos. Esse é um exercício divertido, sempre dá muita alegria fazer. Use este espaço para descrever o cenário que você criou.

_____
_____
_____
_____
_____
_____
_____
_____
_____
_____

QUARTA PARTE

Guia prático – Etapas para um projeto próspero, suave e feliz

Atividade 03

Use este espaço para descrever os cinco momentos mais felizes da sua vida. Pode ser que você tenha mais ou menos de cinco momentos felizes. Não tem problema. Liste esses momentos.

_____
_____
_____
_____
_____
_____
_____
_____
_____
_____
_____
_____
_____
_____

Ao final dessas três atividades, você terá três elementos para ajudar na descoberta. Mas ainda é cedo, guarde isso. Precisamos seguir para o segundo passo.

QUARTA PARTE

PASSO 2
– ENCONTRE AQUILO EM QUE VOCÊ É BOM

São mais três atividades para ajudar você a descobrir suas habilidades.

1 Busque seu currículo, onde quer que ele esteja. Pode ser que você tenha um currículo no LinkedIn, ou um currículo Lattes, ou no papel, ou no seu computador. Leia atentamente o que você declarou sobre sua vida profissional e marque todas as palavras-chave que dizem respeito às suas qualificações. Construa uma lista com essas palavras em uma folha de papel ou em post-its. Aguarde.

2 Faça uma lista dos elogios que você já recebeu. Você pode recuperar elogios recebidos de chefes ou colegas de trabalho, que falaram para você nas redes sociais (como as recomendações no LinkedIn, por exemplo), que costuma ouvir dos seus amigos e familiares. Recupere o que as pessoas, em geral, falaram a seu respeito. Anote apenas as palavras-chave desses elogios. Aguarde.

3 Pergunte para as pessoas o que elas acreditam que você é capaz de fazer bem. Você pode usar as redes sociais, fazer a pergunta por e-mail, por WhatsApp ou pessoalmente. Pergunte: o que eu faço bem? Quais são as minhas competências e habilidades, o que eu sei fazer de melhor? Não tenha receio de pedir. Peça para as pessoas mais próximas, por exemplo, sua mãe, seus irmãos, amigos, colegas, parceiros etc. Às vezes, a forma como as pessoas nos percebem é diferente da forma como nos vemos. Fazendo essa atividade, você poderá comparar o que as pessoas sabem de você com o que você pensa sobre si.

Guia prático – Etapas para um projeto próspero, suave e feliz

**Reúna as respostas em uma lista.
Reserve.**

1. _____
2. _____
3. _____
4. _____
5. _____
6. _____
7. _____
8. _____
9. _____
10. _____

QUARTA PARTE

> **PASSO 3 – ENCONTRE O QUE O MUNDO PRECISA**
>
> A inspiração para saber o que o mundo precisa vem de um documento das Nações Unidas, cujo título é: "Transformando nosso mundo: a agenda 2030 para o desenvolvimento sustentável".[28] Trata-se de um plano de ação para o planeta, pressupondo a colaboração de todos os países para o alcance de 17 objetivos e 169 metas. Aqui, transcrevemos os 17 objetivos, esperando que, dentre eles, haja pelo menos um que lhe cause profundo interesse. Anote e aguarde.

1. Acabar com a pobreza em todas as suas formas, em todos os lugares.
2. Acabar com a fome, alcançar a segurança alimentar e melhoria da nutrição e promover a agricultura sustentável.
3. Assegurar uma vida saudável e promover o bem-estar para todos, em todas as idades.
4. Assegurar a educação inclusiva e equitativa e de qualidade, e promover oportunidades de aprendizagem ao longo da vida para todos.
5. Alcançar a igualdade de gênero e empoderar todas as mulheres e meninas.
6. Assegurar a disponibilidade e gestão sustentável da água e saneamento para todos.
7. Assegurar o acesso confiável, sustentável, moderno e a preço acessível à energia para todos.
8. Promover o crescimento econômico sustentado, inclusivo e sustentável, emprego pleno e produtivo e trabalho decente para todos.
9. Construir infraestruturas resilientes, promover a industrialização inclusiva e sustentável e fomentar a inovação.
10. Reduzir a desigualdade dentro dos países e entre eles.
11. Tornar as cidades e os assentamentos humanos inclusivos, seguros, resilientes e sustentáveis.

---

28 Se você tem interesse em conhecer o documento na íntegra, acesse-o neste link: https://www.br.undp.org/content/brazil/pt/home/post-2015.html

Guia prático – Etapas para um projeto próspero, suave e feliz

12. Assegurar padrões de produção e de consumo sustentáveis.
13. Tomar medidas urgentes para combater a mudança do clima e seus impactos.
14. Conservação e uso sustentável dos oceanos, dos mares e dos recursos marinhos para o desenvolvimento sustentável.
15. Proteger, recuperar e promover o uso sustentável dos ecossistemas terrestres, gerir de forma sustentável as florestas, combater a desertificação, deter e reverter a degradação da terra e deter a perda de biodiversidade.
16. Promover sociedades pacíficas e inclusivas para o desenvolvimento sustentável, proporcionar o acesso à justiça para todos e construir instituições eficazes, responsáveis e inclusivas em todos os níveis.
17. Fortalecer os meios de implementação e revitalizar a parceria global para o desenvolvimento sustentável.

Anotações

PASSO 4 – ENCONTRE AQUILO PELO QUAL VOCÊ PODE SER PAGO PARA FAZER

Em outras palavras, poderíamos dizer: descubra aquilo que os clientes estão dispostos a pagar para obter produtos ou serviços. Sim, sempre há necessidades e expectativas das pessoas por alguma solução. Essas demandas se relacionam com a realidade atual e com expectativas futuras. Estas se sintonizam com as tendências atuais, que são na verdade comportamentos e demandas resultantes das transformações pelas quais estamos passando, local e globalmente. Por exemplo, questões relacionadas ao meio ambiente, à qualidade de vida, à tecnologia. Na Primeira Parte e no último capítulo da Terceira Parte deste livro, já falamos sobre tendências. Mas as tendências sempre se renovam, por isso indico que você siga profissionais como Fábio Mariano Borges, para que sempre esteja atualizado sobre elas.[29]

Mas agora você vai refletir sobre o que fazer para ganhar dinheiro, sem ferir suas crenças, de forma justa e a partir de seus valores.

Escolha pelo menos TRÊS tendências.

1) _____

2) _____

3) _____

---

[29] No meu canal no YouTube, tenho também uma aula sobre tendências pós--coronavírus, que pode ser acessada neste link: https://www.youtube.com/watch?v=MohvlWUxT80&t=221s.

ENCERRAMENTO – CONSTRUA HIPÓTESES

Nos três passos anteriores, você construiu materiais sobre o que você ama, o que sabe fazer e de que o mundo precisa. Agora é necessário pôr tudo isso lado a lado e começar a analisar. O objetivo dessa análise é gerar hipóteses sobre o seu *Ikigai*. O interessante nesse exercício é que podem aparecer várias hipóteses.

Selecione pelo menos três dessas hipóteses. Uma delas poderá ser a principal para a vida que você quer ter. Mas pode ser que você desenvolva outras em paralelo.

Você deve pegar agora pelo menos uma informação que venha de cada um dos passos:

- O que você ama.
- O que você sabe fazer.
- Do que o mundo precisa.
- Aquilo pelo qual você pode ser pago para fazer.[30]

Crie algumas hipóteses, brinque com combinações inusitadas. Elas revelam o que você ama, o que você sabe fazer, do que o mundo precisa e o que, provavelmente, poderá ser comprado. O próximo passo é testar e implementar essas hipóteses, usando a ferramenta Canvas do Modelo de Negócio.

---

30 Neste link, você pode baixar a mandala do *Ikigai* em formato grande para imprimir e fazer várias experimentações: https://marcelo.pimenta.com.br/wp-content/uploads/2020/07/Mandala-*Ikigai*-Mentalidade-*Ikigai*.pdf.

ECONOMIA DA PAIXÃO

Escreva agora.

Minhas hipóteses

1. _____

2. _____

3. _____

4. _____

5. _____

QUARTA PARTE

Tenha uma hipótese apaixonante

Ser protagonista e empreendedor não é fácil. É conviver com desafios, enfrentar obstáculos e adversidades. Mas se você está protagonizando algo que realmente ama, se está apaixonado pelo que está fazendo, tudo parecerá possível. Você conseguirá ser mais flexível, tanto diante do "como fazer" quanto em relação a "o que fazer". Por isso estamos trabalhando para encontrar o que tornará o seu desafio mais fácil.

> Quando você ama o que faz e faz o que ama, nunca vai querer parar de fazer.

E também já vimos que não há espaços para negócios "mais do mesmo", sem propósito. Portanto, a aventura não é fácil, são muitas as dificuldades, mas se você realmente estiver comprometido e isso fizer sentido para sua vida, tudo valerá a pena.

Você já tem suas hipóteses, e é preciso testá-las. Vamos descobrir se há realmente quem pague pelo que vai fazer, se é algo lucrativo, que dê resultados.

Entenda ter lucro como algo positivo, gerador de prosperidade. Não confunda lucratividade com ganância, pelo contrário, se um negócio é lucrativo, ele é bem-sucedido; se não é, está fadado a morrer.

A aventura não é fácil, são muitas as dificuldades, mas se você realmente estiver comprometido e isso fizer sentido para sua vida, tudo valerá a pena.

Outra questão importante: não se apaixone por sua ideia, mas pelo problema que ela resolve. Lembre que você está na busca do fluxo, ou seja, deixe o universo também lhe mostrar os caminhos e não fique insistindo na sua ideia, esteja aberto às oportunidades que a troca com os clientes pode lhe proporcionar.

A ferramenta que vamos utilizar é o Canvas do Modelo de Negócio. O Canvas é útil para criação, revisão e ajuste do modelo de negócio, "uma linguagem comum para descrever, visualizar, avaliar e alterar modelos de negócios, que pode ser usado também para direcionar um novo caminho para sua vida. Ou seja, a mesma ferramenta que descreve um negócio pode descrever você.

Uma síntese sobre o Canvas

Nas palavras de Alex Osterwalder: "Modelos de negócios descrevem a lógica de como uma organização cria, entrega e captura valor".

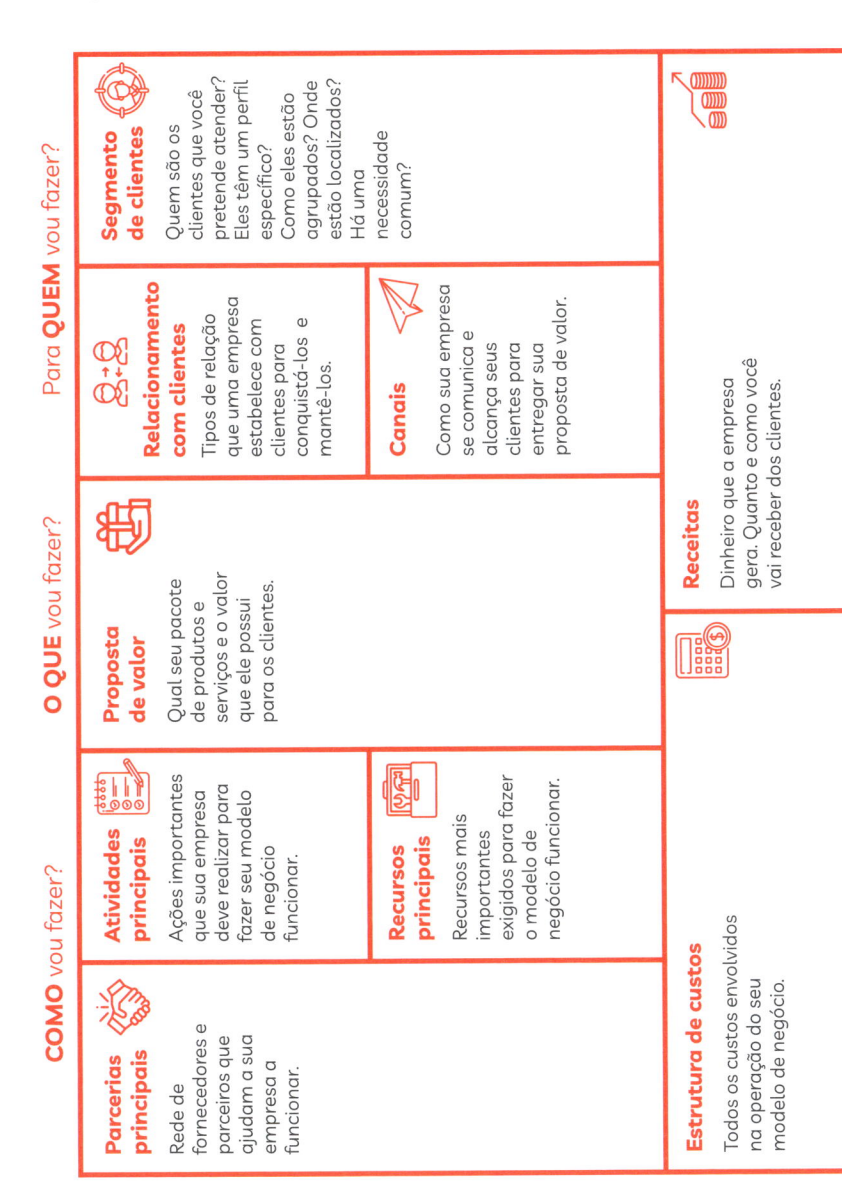

COMO vou fazer? | **O QUE vou fazer?** | **Para QUEM vou fazer?**

Parcerias principais
Rede de fornecedores e parceiros que ajudam a sua empresa a funcionar.

Atividades principais
Ações importantes que sua empresa deve realizar para fazer seu modelo de negócio funcionar.

Recursos principais
Recursos mais importantes exigidos para fazer o modelo de negócio funcionar.

Proposta de valor
Qual seu pacote de produtos e serviços e o valor que ele possui para os clientes.

Relacionamento com clientes
Tipos de relação que uma empresa estabelece com clientes para conquistá-los e mantê-los.

Canais
Como sua empresa se comunica e alcança seus clientes para entregar sua proposta de valor.

Segmento de clientes
Quem são os clientes que você pretende atender? Eles têm um perfil específico? Como eles estão agrupados? Onde estão localizados? Há uma necessidade comum?

Estrutura de custos
Todos os custos envolvidos na operação do seu modelo de negócio.

Receitas
Dinheiro que a empresa gera. Quanto e como você vai receber dos clientes.

QUANTO vou ganhar e QUANTO vai custar?

QUARTA PARTE

> **Nove blocos para você visualizar, entender, criar, aperfeiçoar, melhorar e inovar seu negócio. Com esses nove blocos, você consegue descrever qualquer negócio.**

Uma maneira fácil de usar o Canvas é respondendo a quatro perguntas:

1. **O que vou fazer?** (proposta de valor);
2. **Para quem vou fazer?** (segmento de clientes, canais e relacionamento com cliente);
3. **Como vou fazer?** (recursos, atividades e parcerias);
4. **Quanto?** (vou receber – receitas / vou gastar – custos).

O papel aceita tudo. Não tenha medo de ter ideias bem criativas, pois é daí que vêm a diferenciação e o lucro.

Esse é o momento de criar, pois você está lidando com as hipóteses do que poderá vir a ser sua nova carreira ou um novo negócio. Nos passos seguintes, você terá oportunidade de verificar essas hipóteses e validá-las. Antes de falarmos de negócio, vamos pensar em você.

Como será o seu Canvas pessoal?

Guia prático – Etapas para um projeto próspero, suave e feliz

CANVAS PESSOAL

Desenhe um Canvas em uma folha de papel. Desenhe uma letra T (baixa) e duas letras H seguindo a orientação da figura a seguir. Insira o nome dos blocos (copie da figura anterior).

Como desenhar um Canvas: 1T 2H

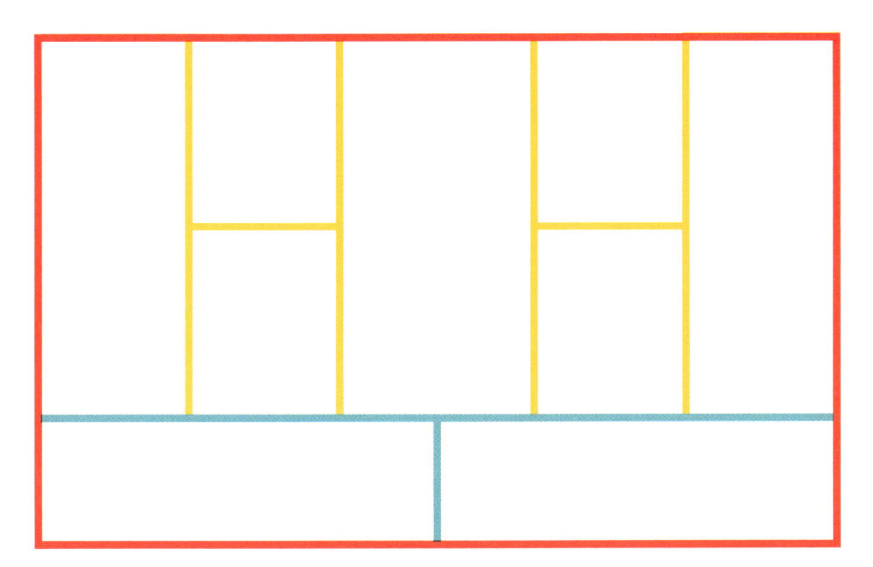

O objetivo do Canvas pessoal é falar sobre você, sua vida pessoal e sua carreira. Vamos trabalhar aqui com os nove blocos do Canvas e, juntos, preencher cada bloco. Começamos respondendo à pergunta: o que vou fazer? Em seguida, responderemos às outras três. De preferência, use post-its. Eles facilitam as alterações.

O que vou fazer?
- **Proposta de valor:** o que você pretende, o que você é ou quer, resulta em quais valores? Ajudar pessoas? Entreter pessoas? Criar beleza? Promover qualidade de vida? Use os valores para descrever suas entregas.

Para quem vou fazer?
- **Segmentos de clientes:** quem são e onde estão as pessoas que vão se beneficiar com suas entregas? São os jovens do seu bairro ou de toda a cidade? São os idosos ativos que moram perto de você? Ou moradores de apartamentos em geral?

QUARTA PARTE

175

- **Canais:** como seu segmento de clientes vai conhecer você? Presencialmente? Por meio das redes sociais? Como vai falar com eles? Por telefone? Por e-mail? Por WhatsApp? Como e onde você vai entregar? Precisa de um local específico? Precisa de ajuda para fazer suas entregas?

Como vou fazer?

- **Recursos.** São as ferramentas e serviços necessários para realizar minhas entregas. Recursos podem ser intelectuais, financeiros, físicos ou humanos. Por exemplo, vou precisar de algum serviço? Qual? Alguém para ajudar? De equipamentos? Instrumentos? Local especial? Possuir algum conhecimento específico?

- **Atividades.** Constituem as principais ações, envolvendo principalmente resolução de problemas e produção. Em geral, são descritas por verbos. Por exemplo: divulgar, estudar, fabricar, comprar, vender, cantar, tocar, praticar, desenhar, costurar, escrever etc.

- **Parcerias.** Se precisar de fornecedores, pense neles como parceiros. Vai precisar de um contador? De um professor? De alguma compra recorrente?

Quanto?

- Como e quanto quero receber? Por hora trabalhada? Mensalmente? Por tarefa realizada?

- Quanto vou gastar e com o quê? Terei de comprar alguma coisa? Vou investir tempo? Vou pagar um serviço? Que serviço será esse?

Pense comigo: aqui, nada é fixo, imutável. Você olha para os post-its nos blocos e pode fazer alterações, descobrir novas formas de fazer, acrescentar novas ideias, combinar novos canais para atender a outros segmentos de clientes. Abra a sua mente e se reinvente.

Nesse ponto, você deve ter uma descrição de uma das hipóteses de carreira que atendam ao seu *Ikigai*. Pode fazer a mesma coisa com outras hipóteses. A de um novo negócio, por exemplo. Ou a de outros papéis que você desempenha na sua vida.

É desse exercício que nascerá a descoberta de um novo caminho. Duas lições devem ser aprendidas:

1. Usar o Canvas para testar hipóteses antes de sair fazendo.
2. Usar a criatividade para ler o Canvas e descobrir onde pode inovar.

Guia prático – Etapas para um projeto próspero, suave e feliz

Agora, mostro o Canvas que fiz para realizar meu plano de ser pianista.

COMO PENSAR UMA CARREIRA DE PIANISTA

COMO vou fazer?   **O QUE** vou fazer?   Para **QUEM** vou fazer?

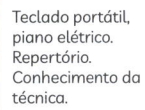

Parcerias principais	Atividades principais	Proposta de valor	Relacionamento com clientes	Segmento de clientes
Professor de piano. Agência de serviços. Agência de marketing digital.	Praticar. Divulgar. Vender. Renovar repertório.	Entreter as pessoas com músicas de qualidade, tocando piano. Despertar emoções através de canções que tocam a alma.	Direto, com hotéis e restaurantes.	Hotéis, restaurantes. Amantes de música de qualidade.
	Recursos principais Teclado portátil, piano elétrico. Repertório. Conhecimento da técnica.		**Canais** Saguão dos hotéis. Palcos de restaurantes. YouTube. Spotify.	

Estrutura de custos	Receitas
Aulas, instrumentos, Tempo de estudo e prática.	Por hora de trabalho. Por apresentação.

QUANTO vou ganhar e **QUANTO** vai custar?

E a partir daí, você pode usar o Canvas de forma bem mais aprofundada, se for o caso, com seus sócios e parceiros, tendo-o na parede como um aliado para a inovação constante.

Se você quiser se aprofundar no uso do Canvas para inovação nos negócios, tenho um curso gratuito disponível neste link: **https://bit.ly/canvas-udemy**.

E também uma página exclusiva dedicada ao assunto no meu site: **https://marcelo.pimenta.com.br/modelo-de-negocios/**.

QUARTA PARTE

177

Prototipe um modelo viável

Prototipar é dar vida às ideias. É a representação concreta de algo que estava na imaginação. Há protótipos de diferentes tipos: na arquitetura, nas artes, na engenharia, na culinária, na moda, nas campanhas de marketing. No processo de construção de negócios, produtos e serviços, os protótipos podem ser utilizados em diferentes níveis de fidelidade, desde desenho até uma simulação de um processo ou a pré-formatação de um produto.

Uma descoberta essencial

É muito comum que as pessoas tenham uma visão romântica sobre ter uma carreira bem-sucedida, sobre empreender. Isso acontece quando olham alguns poucos casos de jovens que ficaram famosos e ricos criando carreiras e negócios de sucesso, e acham que empreender é sinônimo de status. Apesar de os exemplos serem motivadores, há também um risco de imaginar que criar e gerenciar o seu próprio negócio é algo simples, fácil e divertido.

Vale lembrar a frase "a teoria na prática é diferente" e experimentar a prática. Só por meio do contato direto com a realidade vamos descobrir, aprender e criar o nosso próprio caminho, deixando de lado a visão romântica para alcançar o merecido êxito.

A forma mais suave de descobrir se você está na trilha certa é experimentar. Por isso, prototipar é fundamental. Mas, antes, pense, reflita, pesquise e responda às duas perguntas a seguir.

1) **Existe um mercado no qual sua ideia se encaixe? Qual? Para responder a essa pergunta, pesquise, pergunte aos amigos e conhecidos.**

R. _____
_____
_____
_____

Guia prático – Etapas para um projeto próspero, suave e feliz

(2) Você quer mesmo uma vida de empreendedor? Marque um X nas alternativas com as quais você está de acordo. Depois, reflita sobre suas respostas.

Disposição para lidar com os desafios:

- [ ] Muitas vezes ser o primeiro a chegar e o último a sair
- [ ] Lidar com pessoas. Precisar de ajuda
- [ ] Lidar com frustrações constantemente
- [ ] Ouvir nãos
- [ ] Controlar o dinheiro e controlar custos
- [ ] Enfrentar a burocracia
- [ ] Ser resiliente
- [ ] Ser flexível
- [ ] Ser empático
- [ ] Ser criativo e inovador

Disposição para lidar com os desafios:

- [ ] Viver seu *Ikigai* (ajudar o mundo, ganhar dinheiro, ajudar os outros)
- [ ] Ter liberdade
- [ ] Recebe muitos elogios, que são realmente incríveis
- [ ] Apreciar o impacto positivo na vida das pessoas
- [ ] Ter autonomia
- [ ] Aprender e crescer continuamente
- [ ] Explorar suas ideias
- [ ] Gerar empregos
- [ ] Contribuir com outras pessoas
- [ ] Contribuir com a sociedade

QUARTA PARTE

Formas de prototipar com baixo custo

Há muitas maneiras de tirar a sua ideia da cabeça e transformá-la em algo tangível, que você possa mostrar para outras pessoas e descobrir o que elas pensam a respeito. Isso vai fazer você aprender mais e aprimorar sua ideia.

Vamos dar exemplos de como fazer isso. A partir deles, você fará sua escolha para prototipar sua ideia.

IDEIA: PÃO DE COUVE-FLOR

Alternativa 1: desenvolver um folheto ilustrado falando sobre o pão e seus benefícios.

Alternativa 2: fazer o pão e dar para alguns amigos experimentarem.

Alternativa 3: fazer o pão e vender para colegas ou vizinhos.

IDEIA: SER UM CONFEITEIRO

Alternativa 1: fazer uma imersão em uma confeitaria.

Alternativa 2: fazer um bolo ou doces para aniversários da família.

Alternativa 3: vender bolos ou doces para pessoas próximas.

IDEIA: TER UM CANAL NO YOUTUBE

Alternativa 1: desenhar a representação dos vídeos que pretende fazer, indicando os assuntos por vídeo.

Alternativa 2: gravar vídeos curtos e mandar para seus grupos de WhatsApp.

Alternativa 3: publicar vídeos no Instagram ou no Facebook.

Escolha o seu jeito de prototipar

Após decidir como será o seu protótipo, o mais importante é ouvir as pessoas, qual feedback elas têm a dar, o que está funcionando e o que não está. São as observações delas que vão fazer diferença no seu percurso. É sempre bom anotar o que você ouvir, para ter tempo de pensar depois e avaliar se algo precisa mudar, se algum ajuste será necessário.

Marque com um X as alternativas que você vai usar para prototipar sua ideia. Faça do seu jeito, com leveza e simplicidade.

Como vou prototipar

- [ ] Desenhar o que está sendo idealizado.
- [ ] Produzir slides sobre o processo.
- [ ] Recortar imagens e colar.
- [ ] Criar uma tela em uma ferramenta da internet. Um blog, por exemplo.
- [ ] Postar textos e imagens em uma rede social.
- [ ] Criar uma maquete.
- [ ] Criar um modelo em três dimensões.
- [ ] Fazer um produto preliminar.
- [ ] Vivenciar uma situação da carreira.

O que você descobriu com a ajuda do seu protótipo? A proposta é fazer uma breve avaliação do processo de prototipação, para ajudar na sua tomada de decisão. Ao responder às perguntas, você estará mais perto de validar sua hipótese, ou de partir em busca de outra hipótese. Seja sincero em suas respostas e observe a relação entre "sim" e "não". Entenda que aqui não estamos apresentando um teste científico, mas uma maneira simples de fazer uma autoavaliação.

ECONOMIA DA PAIXÃO

Você gostou da experiência de fazer um protótipo?

☐ SIM   ☐ NÃO

Gostou do que ouviu das pessoas?

☐ SIM   ☐ NÃO

O que você aprendeu foi útil?

☐ SIM   ☐ NÃO

Usou algum aprendizado para melhorar sua ideia?

☐ SIM   ☐ NÃO

Se você vendeu, sentiu-se bem vendendo?

☐ SIM   ☐ NÃO

Ficou animado para prototipar mais uma vez?

☐ SIM   ☐ NÃO

Referências sobre prototipação

Site da MJV, artigo "Prototipagem: o guia definitivo para colocar sua ideia na rua": **https://www.mjvinnovation.com/pt-br/blog/prototipagem-o-guia-definitivo/**

Artigo "Quais são as melhores ferramentas de prototipagem de interface?": **https://medium.com/aela/quais-s%C3%A3o--as-melhores-ferramentas-de-prototipagem-de-interface-ui-ux-9b36155eef7a**

Blog do Nei. Sobre inovação, modelos de negócios, estratégia, startups, TI, gestão do conhecimento, mídia social, gestão e negócios em geral, protótipos: **https://neigrando.com/2013/06/04/usando-prototipos-para-dar-forma-as-ideias/**

Teste, mude, adapte

Você já colheu informações usando seu protótipo. Já está em condições de seguir adiante. E também de prosseguir experimentando e aprendendo.

> **REVISAR ANTES DE PROSSEGUIR**
>
> Você deve ter aprendido muito quando interagiu com as pessoas usando seu protótipo. É desse aprendizado que surgem as oportunidades de aprimoramento. Agora é tempo de avaliar se há necessidade de ajustes ou mudanças em relação ao que você descreveu na elaboração do Canvas.
>
> **Responda às perguntas para depois refinar seu modelo de negócios.**

Devo ajustar

Perfil de clientes que você previa quando fez o seu mapa do modelo de negócio?

Descreva: _____
_____
_____

Algum esclarecimento quanto à sua proposta de valor?

Indique o que precisa ser esclarecido: _____
_____
_____

Alguma modificação da sua ideia inicial?

Qual? _____
_____
_____

QUARTA PARTE

Devo mudar

Mudar a sua proposta de valor?

Passa a ser: _____
_____
_____

Mudar o segmento de clientes ou acrescentar outros segmentos?

O que muda? Anote: _____
_____
_____

Mudar a forma de relacionamento prevista? Como vai ser agora?

Anote: _____
_____
_____

Testar a ideia na prática

Se a sua ideia é a de um produto ou serviço, experimente vender. Faça um plano no qual você estipula um preço de venda e uma pequena quantidade a ser vendida. Pense em quem serão seus primeiros clientes. O melhor é você mesmo fazer as vendas, porque os clientes vão dar retorno e você vai aprender um pouco mais sobre o que está fazendo e sobre o que esses clientes pensam a respeito.

Se está pensando em uma nova carreira, experimente fazer alguma coisa relacionada. Por exemplo, faça posts mostrando seu trabalho, apresente-se para pequenos grupos, faça pequenas demonstrações do que você quer fazer, sempre para pequenos grupos. Peça a apreciação dos familiares, amigos e colegas. Pense que, nesse caso, você é o produto.

Aproveite essa etapa para descobrir quem são os seus concorrentes e o que você faz que é diferente deles.

Depois de pôr sua ideia em prática, respondas às perguntas. Elas são importantes para caminhar rumo à realidade.

Guia prático – Etapas para um projeto próspero, suave e feliz

1 Descobri o perfil dos clientes que devo contatar. Eles são:
_____

2 Meus clientes estão nos seguintes lugares:
_____

3 Minha melhor abordagem de vendas foi:
_____

4 Meu produto ou serviço resolve os seguintes problemas:
_____

5 Meus principais concorrentes são:
_____

6 Meu diferencial é:
_____

7 Sobre o preço:

   a Meu preço: _____

   b Preço dos meus concorrentes: _____

8 Vou precisar de alguém para me ajudar.

   a Perfil da pessoa: _____

   b Como vai ajudar: _____

QUARTA PARTE

Ajuste os canais de relacionamento

Quando você elaborou seu Canvas, pensou nos canais de relacionamento. Depois dessa experiência prática, você deve ter aprendido mais sobre as formas de relacionamento, provavelmente ouviu opiniões sobre isso. Esse pequeno exercício vai ajudá-lo a ajustar os canais de relacionamento. Lembre-se de que você pode usar mais de um canal para cada etapa do relacionamento com clientes. Talvez não seja necessário começar com todos eles, mas será importante antever essas necessidades. Anote o principal canal para cada etapa, e os secundários, se assim desejar. Seja claro nas respostas, diga sempre qual é o veículo. Por exemplo, se for um jornal, diga o nome do jornal, se for um site, diga o nome do site, e assim por diante.

Como vou informar os clientes do negócio e do que está sendo oferecido (jornais, amigos, rádio, e-mail, outro)?
_____
_____

Como vou fornecer referências sobre a empresa, produtos, serviços (jornais, revistas, redes sociais, sites, outros)?
_____
_____

Como serão feitas as entregas dos produtos e serviços aos clientes (pessoalmente na loja, pelo correio, por lojas de parceiros, outros)?
_____
_____

Como vou acompanhar clientes no pós-venda (telefone, e-mail, pessoalmente, outros)?
_____
_____

Guia prático – Etapas para um projeto próspero, suave e feliz

Prepare-se para a vida como ela é

São três orientações para você se preparar para enfrentar a realidade, iniciar uma nova atividade. Conhece o aforismo "Quando o discípulo está preparado, o mestre aparece"? O segredo aqui é o mesmo. Sabemos que não há fórmula mágica para eliminar riscos e erros. Mas sabemos também que uma excelente preparação pode reduzi-los bastante. Invista seu tempo na preparação, afinal, estamos falando do seu *Ikigai*, algo importante para uma vida apaixonante.

1

Revisite seu Canvas.
Analise, bloco a bloco, principalmente as relações entre um bloco e outro e entre os blocos do lado direito com os do lado esquerdo do Canvas. Avalie se tudo está de acordo com seu aprendizado na experiência prática. Suas anotações anteriores são importantes agora. Utilize suas anotações e o roteiro que preparamos para ajudar em sua reflexão, análise e reajustes no modelo de negócio.

Roteiro para ajustar o modelo de negócios	
Bloco	**Sobre o que refletir**
Proposta de valor	Ela está refletindo a solução que os clientes esperam? As vendas e a reação ao produto demonstram isso?
Segmento de clientes	As pessoas para quem vendi representam os clientes previstos?
Canais	Os clientes se sentem confortáveis com os canais utilizados? Os canais são capazes de suportar um aumento nas vendas?
Relacionamento com clientes	Minha experiência mostra que a hipótese de relacionamento com clientes está correta?
Receitas	O preço previsto está de acordo com o que os clientes podem pagar? A forma de pagamento está adequada?
Recursos principais	O produto tem modificações que demandam outros recursos?
Atividades principais	As atividades previstas continuam valendo? Será necessário modificar ou acrescentar alguma atividade?
Parcerias principais	Algum novo parceiro?
Estrutura de custos	Houve alteração em algum bloco que afete a estrutura de custo? As receitas foram alteradas? Mesmo assim, ainda suportam a estrutura de custos? Há algo a acrescentar? Algo a cortar?

QUARTA PARTE

2

Planeje, execute, aprenda.

Todos nós fazemos planos. Para fazer um curso, comprar um bem, encontrar um amor. Pensamos naquilo que queremos, imaginamos e vamos buscando caminhos para chegar lá. No entanto, se estruturarmos a forma como chegaremos lá, tudo vai ficar mais fácil e com maior possibilidade de acerto. Você, que chegou até aqui, percebeu que estava dentro de um plano, para alcançar um objetivo. O que normalmente se faz em um plano é definir prioridades, buscar recursos e estabelecer metas e prazos para alcançar um resultado. Decerto, fazendo assim, a chance de se conseguir chegar a um resultado será bem maior. Planejar nada mais é que organizar a preparação para atingir um objetivo, resolver um problema, encontrar uma solução. Considerando que você, após ter vencido todas as etapas anteriores, quer verdadeiramente criar sua empresa, é hora de planejar para fazer acontecer. Um jeito simples de fazer isso é usando a ferramenta 5W1H.

What (O que)	Why (Por que)	Who (Quem)	Where (Onde)	When (Quando)	How (Como)	How much (Quanto custa)

Guia prático – Etapas para um projeto próspero, suave e feliz

Com esse plano, você já consegue começar a executar. E é a execução que vai permitir que você gire o ciclo de aprendizado que hoje é utilizado pelas startups -> planejar, executar, medir, ajustar, aprender, replanejar.

3

Organize-se.

Para se organizar, a primeira iniciativa é saber aproveitar melhor o tempo. O tempo é o mesmo para todas as pessoas. No entanto, há pessoas que conseguem fazer mais coisas que outras. Por que isso acontece? A diferença está na forma como cada um usa o seu tempo. Quanto mais a pessoa se organiza, mais tarefas ela consegue fazer e mais produtiva ela se torna. Ser produtivo é obter, a partir dos mesmos recursos, resultados melhores, sejam quantitativos ou qualitativos.

O tempo é fator importante para aumentar a produtividade pessoal. Daí a necessidade de saber administrar o tempo. Existem livros, artigos e uma série de recursos para ajudar na administração do tempo. Escolhemos como referência a matriz do livro *Os 7 hábitos das pessoas altamente eficazes*,[31] do americano Stephen R. Covey. Ela nos orienta a conduzir o nosso tempo. É uma proposta para facilitar a execução do hábito da priorização: fazer primeiro o mais importante.

Credito ao livro de Covey, que li há 25 anos, grande parte das minhas crenças mais importantes quanto a atitudes. Muitas das realizações realmente relevantes que fiz têm a ver com o alinhamento de propósito x dedicação de tempo e esforço, que aprendi com esse livro, o qual recomendo fortemente. Stephen Covey era um apaixonado pela eficiência e ele muito nos estimula a vivermos a nossa paixão. ***Tenho um vídeo-resumo dele no meu canal do YouTube***.

---

31 Stephen R. Covey, *Os 7 hábitos das pessoas altamente eficazes: lições poderosas para a transformação pessoal*, Rio de Janeiro, BestSeller, 2017.

QUARTA PARTE

Pés no chão e mente aberta

Se você chegou até aqui, significa que seu período de experimentação terminou. Daqui para frente, precisará cumprir o que foi definido. Você deve estar relativamente seguro para responder a estas questões:

- O plano do negócio está consistente? Você o testou com sinceridade e ele vem apresentando os resultados esperados? Sem autoengano?
- O planejamento prevê obter mais receitas que despesas? O negócio tem viabilidade financeira?
- Quanto será preciso de capital para abrir o negócio? Você sabe quanto será preciso para mantê-lo em funcionamento? Qual a previsão de fluxo de caixa? E em quanto tempo o investimento feito será recuperado?
- Sabe em quanto tempo vai começar a reaver o dinheiro que será investido?

Se você está seguro com as respostas a todas essas questões, mãos à obra, pois há muito trabalho pela frente. Mas como fazer tanta coisa em apenas 24 horas?

USE O TEMPO A SEU FAVOR

No capítulo anterior, orientamos sobre a necessidade de organização e citamos Stephen Covey. Agora, você pode ver e usar na prática a matriz de Eisenhower que foi popularizada por Covey. Faça agora uma autoavaliação e identifique em qual quadrante você tem vivido.

Guia prático – Etapas para um projeto próspero, suave e feliz

	URGENTE	NÃO URGENTE
IMPORTANTE	**QUADRANTE I** – Onde mora o estresse Nele moram os imprevistos (que podem acontecer por má gestão do tempo): projetos atrasados, reuniões de última hora, crises, emergências de saúde. Sobrecarga nessa área gera ansiedade e estresse.	**QUADRANTE II** – Nele está a visão do gerente eficaz São as tarefas importantes, com tempo previsto para serem executadas, como atividades planejadas em projetos, capacitações, avaliações, atividades de qualidade de vida. Esse é um tempo bom, sem estresse, quando temos o controle da situação e podemos perceber que fomos produtivos e obtivemos resultados. Foi neste quadrante que este livro foi escrito.
NÃO IMPORTANTE	**QUADRANTE III** – Administração de crises Inclui tarefas urgentes, mas sem importância. Como telefonemas, reuniões menores, relatórios desnecessários, pessoas que nos pedem atenção, muito acesso a e-mails e redes sociais. São tarefas que nos fazem sentir improdutivos, sem entender por que "trabalhamos" tanto e não fizemos nada.	**QUADRANTE IV** – Aqui vive a irresponsabilidade Atividades que não são nem urgentes, nem importantes. São as distrações por tarefas irrelevantes, como conversas banais (presenciais ou remotas), excesso de televisão ou jogos, divagação mental. Ficar nesse quadrante cansa e pode gerar depressão, mas é, antes de tudo, um ativador do Quadrante I, gerando imprevistos.

Dica: busque sempre o *Quadrante II – atividades não urgentes e importantes* – usando a maior parte do seu tempo para as atividades mais importantes do gestor: criar sinergia, planejar inovações, avaliar estratégias e prevenir crises.

Existem vários recursos que podem ajudar a usar o tempo de maneira mais produtiva. Vamos exemplificar cinco **economizadores de tempo** que você pode passar a utilizar.

1. **Tenha uma agenda**. Qualquer uma, de papel, no computador, no celular. Utilize-a. Quando você olhar para ela, terá clareza de como está usando seu tempo.

2. **Crie listas de afazeres**. Faça a sua lista e analise os afazeres de acordo com a matriz de Covey.

3. **Defina suas metas**. Tenha clareza de suas metas. Elas devem ser escritas e explicitar quantidades, valores e, principalmente, prazos.

4. **Estabeleça prioridades**. Faça primeiro o que é importante e não urgente.

5. **Organize suas tarefas**. Olhe para as tarefas e procure organizá-las de acordo com a conexão entre elas. (Sobre organização de tarefas, sugiro fortemente que você também conheça o GTD, Getting Things Done, ou como o método foi traduzido para o português, A Arte de Fazer Acontecer. Tenho um vídeo em que resumo como essa abordagem sugere que lidemos com as tarefas do dia a dia.

Assista ao vídeo

Dê vida a seu modelo de negócio

As quatro perguntas que orientaram a criação do modelo de negócio são as mesmas que irão orientar a criação do negócio no mundo real. O mesmo raciocínio vale para uma nova carreira, se você elaborou um modelo de negócio pessoal.

Se você validou sua hipótese e revisou seu modelo de negócio, já tem todas as informações para tirá-lo do papel. Seja criando uma empresa ou não. Aqui, mais importante do que criar uma empresa é fazer o negócio acontecer. Estruturar a operação para concretizar sua proposta de valor; controlar as finanças e realizar as ações de marketing.

O que vai fazer isso acontecer é uma boa capacidade de gestão. Gerir um negócio é fazer a conexão entre os recursos (físicos, financeiros, humanos e tecnológicos) e o alcance dos resultados. Envolve a tomada de decisões estratégicas, de investimentos, de aquisições e de planos de perpetuidade.

DECISÕES ESTRATÉGICAS
Quais caminhos devem ser seguidos para alcance dos objetivos?

INVESTIMENTOS
Quais recursos, financeiros, físicos, tecnológicos, devem ser aplicados para alcance dos objetivos?

AQUISIÇÕES
O que devemos comprar?

PLANOS DE PERPETUIDADE
O que deve ser feito para que a empresa permaneça viva quando os proprietários não estiverem mais nela?

Pirâmide do Plano de Ação

Todo resultado vem da execução. Todo resultado vem da execução. Todo resultado vem da execução. Esse é um dos mantras do protagonista da paixão.

> **MAS VOCÊ SE LEMBRA DE *ALICE NO PAÍS DAS MARAVILHAS*?**
>
> "Se você não sabe para onde ir, qualquer caminho serve."

Portanto, seu *Ikigai*, seu modelo de negócio são seu destino, seu norte. Mas como saber o que fazer agora, nas próximas semanas, meses? Aí é que entra a Pirâmide do Plano de Ação, um instrumento que eu e Paola Tucunduva adaptamos a partir de outras metodologias como OKR (Objectives & Key Results) e que facilita no acompanhamento de que você está no caminho certo.

Com ela, você define uma meta **SMART**.

Só uma? Sim. Quem tem mais de uma prioridade, não tem nenhuma. Portanto, se você tiver uma meta, terá toda sua energia para alcançá-la.

S	Específica (o quê?):
M	Mensurável (quanto?):
A	Atingível (como?):
R	Relevante (por quê?):
T	Tempo / Data (quando?):

Guia prático – Etapas para um projeto próspero, suave e feliz

Defina 3 objetivos (que o levem à meta)

Exemplos:
- Reestruturar equipe de vendas
- Reformar loja
- Ampliar a fábrica
- Contratar um novo consultor
- Instalar sistema de segurança
- Buscar novos fornecedores
- ...

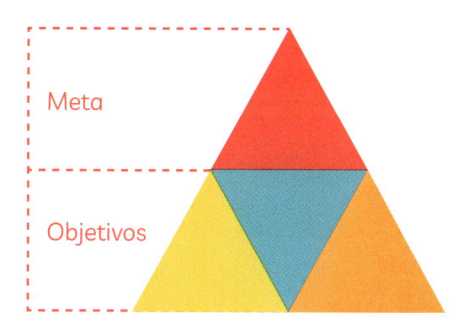

Meta

Objetivos

AQUI, A META É DESDOBRADA EM TRÊS OBJETIVOS.

Se esses três objetivos forem alcançados, isso significa que a meta será alcançada. Portanto, defina bem quais são esses três objetivos.

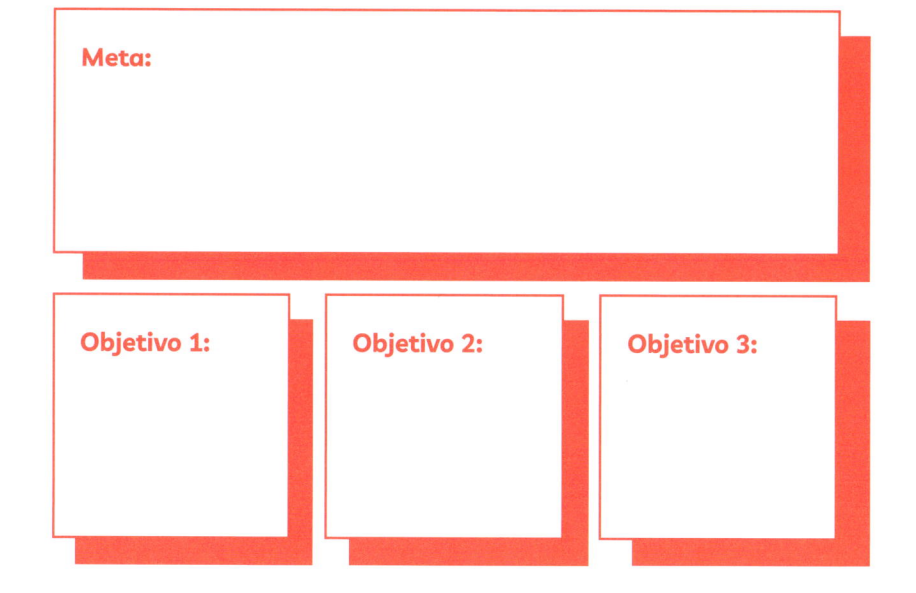

Meta:

Objetivo 1:

Objetivo 2:

Objetivo 3:

QUARTA PARTE

ECONOMIA DA PAIXÃO

Defina 3 atividades para cada objetivo:

Objetivo:
- Reformar loja

Atividades:
- Definir budget
- Contratar projeto
- Contratar empreiteira

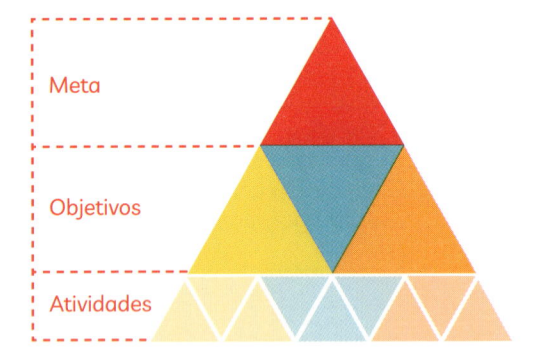

Meta

Objetivos

Atividades

PARA ATINGIR SEUS OBJETIVOS, TRÊS ATIVIDADES.

São essas atividades que estarão na sua agenda.

Com relação a seu negócio, você vai fazer isso. Não fique olhando e-mails a cada minuto, perdendo tempo em redes sociais, procrastinando, pensando no dólar, no próximo vírus. Foque!

Guia prático – Etapas para um projeto próspero, suave e feliz

PIRÂMIDE DO PLANO DE AÇÃO

Uma folha para estar à vista e acompanhada semanalmente. Ela vai levá-lo aonde você quer.

PLANO DE AÇÃO

Meta:

Objetivo 1:

Objetivo 2:

Objetivo 3:

Atividades:
1
2
3

Atividades:
1
2
3

Atividades:
1
2
3

QUARTA PARTE

Mantenha tudo o que está a seu alcance sob controle

Lócus de controle interno. A psicologia nos ensina. Tenha foco naquilo sobre o qual você pode ter controle e não fique se preocupando com aqueles fatores externos, que não pode controlar. Os fatores externos mostram caminhos, tendências. Mas é sua a decisão de saber o que vai fazer.

> Senhor, dai-me força para mudar o que pode ser mudado...
> Resignação para aceitar o que não pode ser mudado...
> E sabedoria para distinguir uma coisa da outra.
>
> *São Francisco de Assis*

Estamos falando da observação constante de tudo que acontece dentro e fora da empresa. Manter o foguete no ar, em alta velocidade, não é tarefa simples. Monitorar, acompanhar, controlar, medir CONTINUAMENTE é um pacote de elementos fundamentais para conhecer um negócio e seus resultados.

Informar-se, aprender, estar conectado ao que acontece local e globalmente é condição para compreender a relação de qualquer negócio com a sociedade e o mercado.

As métricas, medidas que relacionam metas a resultados, devem ser analisadas, comparadas e, sempre que possível, usadas em processos de benchmarking. São as métricas que ajudarão nas decisões e planos para conduzir a empresa sempre adiante.

Quem não mede, não gerencia

"O olho do dono é que engorda o gado." É da sabedoria popular que vem a ideia de que o dono é o responsável. Ele é quem sabe se os animais estão bem alimentados e saudáveis. Para o mundo dos negócios, o ditado é pertinente. Se o dono está "de olho", certamente vai se ocupar de criar condições para crescer e evoluir.

Portanto, é importante que você tenha seus principais indicadores e processos sendo monitorados. Mesmo quando a empresa estiver crescendo, delegar não é esquecer. Delegar é ensinar, acompanhar e estar sempre apoiando a melhoria contínua.

Como nem tudo sai como planejado, é bom ter uma ferramenta para reorientação e ajuste de rota. E escolhemos uma ferramenta bem antiga, mas ainda muito válida para acompanhar, controlar e fazer acontecer, que é o PDCA.

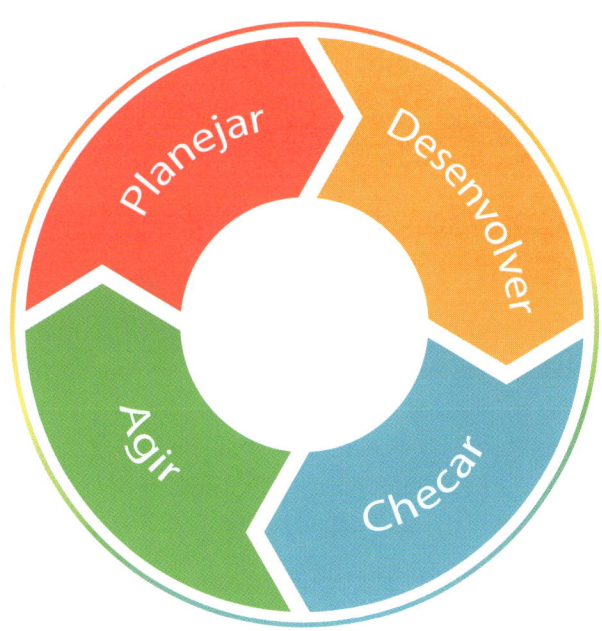

O PDCA é um acrônimo de *plan* (planejar), *do* (fazer), *check* (checar) e *act* (agir corretivamente). Tem por objetivo controlar atividades e pode ser utilizado para planejamento e monitoramento da qualidade dos processos de uma organização.

Esse ciclo, também denominado de Ciclo de Shewhart, Ciclo da Qualidade ou Ciclo de Deming, é uma ferramenta que, desde o início dos processos de qualidade, tem como função o auxílio em relação a diagnóstico, análise e prognóstico de problemas organizacionais, sendo extremamente útil para a resolução de problemas, além de auxiliar a gestão no preparo e na execução de planos que reduzam a diferença entre as necessidades dos clientes e o desempenho de processos.

Seja o líder da sua paixão

Cabe ao líder criar o ambiente favorável, ficar atento aos resultados e indicadores, ao mercado e às mudanças, ancorando ideias e decidindo novos rumos.

O grande educador Paulo Freire afirmou: "Mulheres e homens, somos os únicos seres que, social e historicamente, nos tornamos capazes de aprender. [...] Aprender para nós é construir, reconstruir, constatar para mudar, o que não se faz sem abertura ao risco e à aventura do espírito".

> **O que sabemos hoje é provável que não nos sustente amanhã. Por isso, reconstruir. Mas não basta reconstruir se não operarmos a mudança, aplicando os novos aprendizados. Aqui está o segredo do desaprender, que não quer dizer esquecer, mas evoluir, substituindo e agregando aprendizados novos aos antigos conhecimentos.**

O que Freire entendia sobre o aprender, há mais de vinte anos, tem total sintonia com a realidade atual: "construir, reconstruir, constatar para mudar". Um ciclo que se desenvolve criando uma corrente evolutiva.

Para quem está à frente de um negócio, essas palavras deveriam estar à vista, tornando-se motivo imperioso para reflexão constante. Repetindo: o que sabemos hoje é provável que não nos sustente amanhã. Por isso, reconstruir. Mas não basta reconstruir se não operarmos a mudança, aplicando os novos aprendizados. Aqui está o segredo do desaprender, que não quer dizer esquecer, mas evoluir, substituindo e agregando aprendizados novos aos antigos conhecimentos.

Desde o início deste livro, viemos falando sobre isso e como fazer a nossa vida criativa, em todos os aspectos. Repetindo, nenhum negócio nasce para ter vida eterna. Ele só se eterniza no processo de mudança, de inovação constante. Falamos também sobre design centrado no humano e como usar o pensamento do design no cotidiano. E de liderança criativa. Construa sua liderança a partir desse aprendizado.

Imprescindível
– Tenha uma vida leve e saudável

Não há sucesso nos negócios que justifique você comprometer sua saúde.

A beleza da economia da paixão está em todos nós sermos atores da própria história. Só será coadjuvante quem não optar por esse papel.

Somos 100% responsáveis pelos nossos resultados e pelo nosso desempenho em todas as áreas da vida. E para conseguirmos performar com o nível de intensidade e desempenho que merecemos, precisamos da consciência de que ter uma vida leve e saudável é condição primordial para que qualquer projeto seja sustentável.

Ter uma vida leve e saudável é condição primordial para que qualquer projeto seja sustentável.

Este capítulo é um extra do Plano de Ação, pois ele é fruto de aprendizados e da experiência pessoal.

Não são regras absolutas – respeitamos a individualidade de cada ser humano –, mas nosso hardware é praticamente o mesmo. Somos Homo sapiens e existem características de nossa biogenética que precisamos conhecer e dar valor. Por isso, acho muito válido compartilhar.

Um exemplo são os conhecimentos que, ao longo do tempo, foram esquecidos e precisam de holofote nesta etapa da nossa civilização.

Don Miguel Ruiz é o responsável por publicar *Os quatro compromissos*,[32] um conhecimento construído pelos toltecas, como era conhecido esse povo que viveu no sul do México há milhares de anos.

---
32 Don Miguel Ruiz, *Os quatro compromissos: o livro da filosofia tolteca*, Rio de Janeiro, BestSeller, 2005.

"OS QUATRO ACORDOS TOLTECAS"

1 **Seja impecável com a sua palavra:** fale com integridade e não use as palavras para falar mal de si ou dos outros.

2 **Não leve nada para o lado pessoal:** para ser feliz e motivado, tem de deixar de ser vítima e tomar a vida nas suas mãos.

3 **Não faça suposições:** comunique-se com clareza e transparência. Se não entendeu, pergunte, não confie em suposições. Isso vai evitar mal-entendidos, tristezas e dramas.

4 **Faça sempre o melhor que puder!** Se fizer o melhor que pode em todas as situações, nunca vai julgar nem se arrepender.

Hoje tenho esses acordos impressos em frente ao meu PC. E uso-os sempre. Confesso que muitas vezes não é simples respeitá-los, mas venho tentando e sempre que consigo me sinto melhor.

O chimpanzé que vive dentro de mim adora fazer suposições – e, com frequência, levar as coisas para o lado pessoal. Mas esses acordos servem para que o humano retome seu espaço e coloque o chimpanzé em seu lugar.

Doze regras para a vida: um antídoto para o caos

Jordan B. Peterson, psicólogo (clínico e acadêmico) canadense, é autor de *12 regras para a vida*.[33] A inspiração para escrever o livro veio da participação dele em um site de perguntas e respostas – *Quora* – no qual suas respostas para a pergunta "Quais são as coisas mais valiosas que todos deveriam saber?" foram visualizadas mais de 120 mil vezes. Segundo o autor,

> **cada uma das doze regras deste livro – e as histórias que as acompanham –, portanto, oferece um guia para se estar lá. "Lá" é a linha divisória entre a ordem e o caos.** É lá onde somos, ao mesmo tempo, suficientemente estáveis, exploradores, transformadores, reparadores e cooperadores. É lá onde encontramos o sentido que justifica a vida e seu sofrimento inevitável.

Reproduzimos aqui as doze regras. Elas nos instigam a refletir e, quem sabe, a ler um pouco mais sobre cada uma.

1. Fique ereto em pé, com os ombros para trás.
2. Trate você mesmo como alguém que você é responsável por ajudar.
3. Faça amizade com pessoas que querem o melhor para você.
4. Compare a si mesmo com quem você era ontem e não com outra pessoa hoje.
5. Não permita que seus filhos tenham nenhuma atitude que faça você não gostar deles.
6. Organize a sua casa perfeitamente antes de criticar o mundo.
7. Persiga aquilo que tem significado e não aquilo que seja mais prático.
8. Fale a verdade ou pelo menos não minta.
9. Alguém que você está ouvindo talvez saiba algo que você não sabe.
10. Seja preciso quando você se expressa.
11. Não impeça crianças de andar de skate.
12. Faça carinho num gato que você encontrar na rua.

....
33 Jordan B. Peterson, *12 regras para a vida: um antídoto para o caos*, Rio de Janeiro, Alta Books, 2018.

Seguindo, vamos avaliar como estamos vivendo, a partir de quatro perspectivas: comer, exercitar-se, dormir e meditar.

Alimente-se para viver

Atualmente, notícias e informações em diversos canais têm revelado que o excesso de comida vem causando mais mortes do que a falta dela. O dr. Michael Greger, no livro *Comer para não morrer*,[34] traz dados impressionantes sobre isso e avisa: "Se continuarmos a comer como se estivéssemos saboreando nossa última refeição na vida, esta será servida bem antes do esperado".

É do dr. Greger o conceito de "dúzia básica", uma lista de onze tipos de alimentos, mais exercícios, que deveriam ser consumidos diariamente para evitar e até curar diversas doenças. São feijões, frutas vermelhas, outras frutas, vegetais crucíferos (ricos em antioxidantes), verduras, legumes, oleaginosas, temperos, sementes de linhaça, grãos integrais, bebidas. A partir desse conceito, ele desenvolveu um aplicativo para ajudar as pessoas a escolherem o que comer, o Daily Dozen.

Mas veja só, com todo respeito às listas, eu confesso: feijão, mesmo deixando de molho por 24 horas (truque que aprendi no Bálsamo Spa para que os gases contidos no grão saiam), não me cai bem. Adoro o sabor, porém hoje sei que, se comer, é melhor que não coma mais nada.

Pois o que pode fazer bem para um pode não fazer ao outro, e é imprescindível sempre ter isso em mente.

Bem antes do livro do dr. Greger, que foi publicado em 2015, o Ministério da Saúde do Brasil já havia publicado o *Guia alimentar para a população brasileira* (hoje, na segunda edição).[35]

Muito bem elaborado e redigido, tem como primeiro princípio que a "alimentação diz respeito à ingestão de nutrientes, mas também aos alimentos que contêm e fornecem os nutrientes, a como alimentos são combinados entre si e preparados, a características do modo de comer

....

34 Michael Greger e Gene Stone, *Comer para não morrer: conheça o poder dos alimentos capazes de prevenir e até reverter doenças*, Rio de Janeiro, Intrínseca, 2018.

35 Disponível em: https://bvsms.saude.gov.br/bvs/publicacoes/guia_alimentar_populacao_brasileira_2ed.pdf.

e às dimensões culturais e sociais das práticas alimentares. Todos esses aspectos influenciam a saúde e o bem-estar".

Ele apresenta os conceitos de alimentos:

- In natura ou minimamente processados, os que devem ser a base da alimentação. Frutas, verduras, legumes, cereais, leguminosas, frutas secas, castanhas, carnes, ovos etc.
- Processados, os que devem ser consumidos em pequenas quantidades. Legumes preservados em salmoura ou em solução de sal e vinagre; extrato ou concentrados de tomate (com sal e/ou açúcar); frutas em calda e frutas cristalizadas; carne-seca e toucinho; sardinha e atum enlatados; queijos; e pães feitos de farinha de trigo, leveduras, água e sal.
- Ultraprocessados, os que devem ser evitados. São alimentos industrializados que você compra no supermercado, como bebidas prontas, balas, biscoitos, pães empacotados, temperos prontos etc.

É a partir desses conceitos que nasce a ideia da "comida de verdade" – in natura ou minimamente processada e contextualizada nas diferentes localidades do país e de acordo com a sazonalidade.

Devemos comer apenas quando sentimos fome.

Até parece fácil seguir a "dúzia básica" do dr. Greger ou as orientações do *Guia alimentar*. Mas, não. A quantidade, além da qualidade, de comida importa. De acordo com a medicina aiurvédica, em princípio, devemos comer apenas quando sentimos fome. E aprender a reconhecer as quantidades de comida de que necessitamos. Isso vai variar de acordo com a quantidade de exercícios físicos praticados, mas a auto--observação vai levar você a reconhecer.

Um tempo de jejum e oração nunca será perdido

Seguindo a ideia da fome, será mesmo que todos nós precisamos mesmo comer de 3 em 3 horas? Há quem defenda que comer duas vezes por dia seria o ideal. Disso resulta o jejum intermitente. Não significa passar o dia sem comer, mas dar um espaçamento maior entre duas refeições. Por exemplo, se você almoça ao meio-dia e janta às 18 horas, voltando a comer apenas no almoço do dia seguinte, você fez um jejum.

Desde o princípio da humanidade, o jejum é considerado um fator de autocura. Na grande maioria das religiões, ele faz parte das práticas de limpeza e desintoxicação. Na Grécia, Heródoto recomendava três dias de jejum para tratar qualquer doença. Jesus jejuou por quarenta dias. É uma prática que nos faz testar nossos limite e refinar nossa conexão com o corpo, a mente e o espírito. Durante o período do jejum, nós nos tornamos mais presentes. É nesse período que nosso corpo consegue trabalhar na eliminação de toxinas e acelerar nosso processo interno de autocura.

E o jejum que cura não é só de alimentos, mas de pensamentos e pessoas negativas.

Em 2016, o cientista japonês Yoshinori Ohsumi, da Universidade de Tóquio, venceu o Prêmio Nobel de Fisiologia e Medicina por um estudo que levou a descobertas importantes sobre a autofagia, mecanismo pelo qual células digerem partes de si mesmas.

Por falar em água, líquidos também compõem a alimentação. Água e chás são bem-vindos. Dos chás, prefira as plantas locais. Como afirmou Leonardo da Vinci, "a simplicidade é o último grau de sofisticação".

Observe que não estamos aqui indicando nenhum tipo de dieta, mas citando maneiras de se alimentar que vêm apresentando resultados para quem busca uma vida mais saudável, e que evitam e controlam doenças. Talvez faça sentido também para você, permita-se avaliar.

Guia prático – Etapas para um projeto próspero, suave e feliz

Se você quer refletir mais sobre isso, sugiro que faça estes dois exercícios de reflexão.

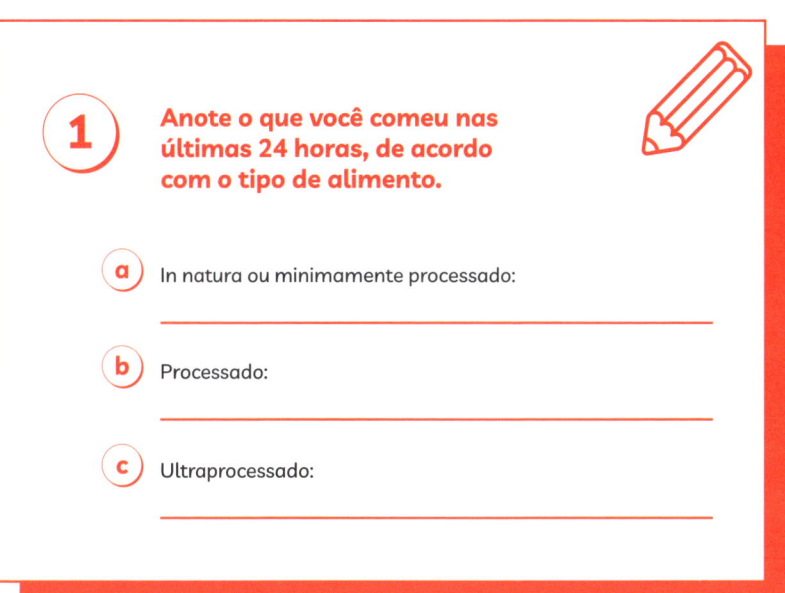

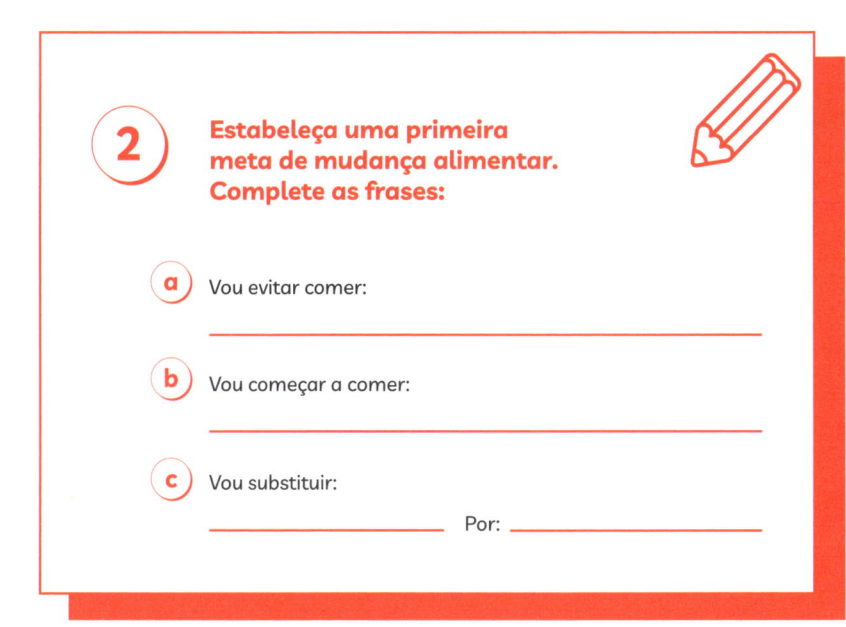

1 **Anote o que você comeu nas últimas 24 horas, de acordo com o tipo de alimento.**

(a) In natura ou minimamente processado:
_____

(b) Processado:
_____

(c) Ultraprocessado:
_____

2 **Estabeleça uma primeira meta de mudança alimentar. Complete as frases:**

(a) Vou evitar comer:
_____

(b) Vou começar a comer:
_____

(c) Vou substituir:
_____ Por: _____

QUARTA PARTE

Atividade física para agregar bem-estar

Segundo Friedrich Nietzsche: "A minha doutrina é a seguinte: o que deseja aprender a voar um dia, deve logo aprender a manter-se de pé, a andar e a correr, a saltar, a subir e a dançar: não se aprende a voar logo de início!".

Para o dr. Greger, "além de nos ajudar a ter um peso corporal saudável, a prática de exercícios físicos pode conter e talvez reverter o declínio cognitivo leve, estimular o sistema imunológico, prevenir e tratar a hipertensão e melhorar o humor e a qualidade do sono, entre muitos outros benefícios".

Não estamos falando de atletas com seus treinamentos, mas de exercícios simples e funcionais, como, por exemplo, andar, percorrer escadas, correr, fazer alongamentos, ioga, pilates, entre outros.

O importante é que se tenha uma prática diária ou pelo menos de trinta minutos de intensidade média/forte quatro vezes por semana. Isso só se consegue se for alguma coisa de que você goste e tenha prazer em fazer. O que não resolve é passar a semana sentado em um escritório e, no final de semana, exagerar em uma prática qualquer.

Escolha o que fazer, dentro do seu tempo, dentro da sua condição física atual. E faça. Se você trabalha sentado o dia todo, crie o hábito de levantar-se pelo menos a cada hora, andar um pouquinho e alongar o corpo. Com o tempo e a prática, você vai perceber mudanças no corpo e na mente.

Lembre-se de que consultar um médico faz parte da sua programação de exercícios. Ele vai ajudar na escolha da melhor forma de como começar.

Meu objetivo para exercícios diários é:

_____
_____
_____
_____

Guia prático – Etapas para um projeto próspero, suave e feliz

Exemplo de exercícios

Treino de **5 minutos** para fazer toda manhã

Bora acordar e já fazer um treininho?

Polichinelos

Prancha

Afundos

Flexões

Agachamentos

Socos retos

QUARTA PARTE

YOGA:
Saudação ao Sol

É conhecida como um exercício corporal completo.

1 Respire normalmente
2 Inspire
3 Expire
4 Inspire
5 Expire
6 Posição de bruços
7 Inspire
8 Expire
9 Inspire
10 Expire
11 Inspire

Na plataforma **www.economiadapaixao.com.br**, você encontra outros treinos, assim como pode compartilhar o seu.

Vigie seus pensamentos

Às vezes, fazemos as coisas no automático, como, por exemplo, comer um prato de comida e, meia hora depois, já não lembrar mais o que acabamos de comer. Isso acontece porque nem sempre prestamos atenção ao que fazemos. Nossos pensamentos estão longe, ou lembrando o que já passou, ou imaginando o que acontecerá no futuro. Outras vezes é como se existisse uma fofoqueira dentro da cabeça, falando e respondendo, construindo diálogos e situações hipotéticas.

Vigiar os pensamentos é concentrar a atenção no momento, naquilo que estamos fazendo, aqui e agora. A busca é por foco total, como explica Mark Williams no livro *Atenção plena: Mindfulness*.[36] Segundo o autor, a terapia para a atenção plena consiste em uma técnica de meditação simples, que pode ser feita por qualquer pessoa. É prestar atenção na respiração, como na meditação de um minuto, transcrita aqui.

---

36 Mark Williams e Dany Penman, *Atenção plena: Mindfulness, como encontrar a paz em um mundo frenético*, Rio de Janeiro, Sextante, 2018.

Meditação de um minuto

1. Sente-se ereto em uma cadeira com encosto reto. Se possível, afaste um pouco as costas do encosto da cadeira para que sua coluna vertebral se sustente sozinha. Seus pés podem repousar no chão. Feche os olhos ou abaixe o olhar.

2. Concentre a atenção em sua respiração enquanto o ar flui para dentro e para fora de seu corpo. Perceba as diferentes sensações geradas por cada inspiração e expiração. Observe a respiração sem esperar que algo especial aconteça. Não há necessidade de alterar o ritmo natural.

3. Após alguns instantes, talvez sua mente comece a divagar. Ao se dar conta disso, traga sua atenção de volta à respiração suavemente. O ato de perceber que sua mente se dispersou e trazê-la de volta sem criticar a si mesmo é central para a prática da meditação da atenção plena.

4. Sua mente poderá ficar tranquila como um lago – ou não. Ainda que você obtenha uma sensação de paz absoluta, ela poderá ser apenas fugaz. Caso se sinta irritado ou entediado, perceba que essa sensação também deve ser fugaz. Seja lá o que aconteça, permita que seja como é.

5. Após um minuto, abra os olhos devagar e observe o aposento novamente.

Essa meditação não tem relação com nenhuma religião e não requer nenhum ritual. Simplesmente sente e siga o roteiro.

Essa prática irá reduzir o estresse e a irritabilidade, será benéfica para a saúde e fará de você uma pessoa mais alegre.

Você vai aprender a prestar atenção ao que está fazendo, e quando isso acontece as coisas são mais bem-feitas. Se perceber que não está atento, respire e mude o rumo dos pensamentos. Quando se sentir cansado, pare e medite. É só um minuto.

Se você praticar vai querer mais, e aí você pode procurar outros tipos de meditação. Existem aplicativos de meditação guiada, que podem ajudá-lo a seguir meditando.

> "Somos o que pensamos. Tudo o que somos surge com nossos pensamentos. Com nossos pensamentos, fazemos o nosso mundo"
> **Buda**

Meditação não significa você não pensar em nada. Significa você estar com a atenção plena em algo. E o mais simples é a respiração. Mas pode ser escovar os dentes, pode ser lavar a louça.

Dicas para manter a atenção:

- Não fique nem no passado nem no futuro.
- Seja sempre o que você está fazendo.
- Interrompa seus pensamentos sempre que eles se distraírem.
- Tire as notificações do seu celular, pois elas fazem você desviar sua atenção.
- Observe sua respiração.

PARE AGORA.

Sente-se e siga o roteiro da meditação de um minuto.

Durma para recuperar-se

O primeiro livro que me alertou para a importância do sono foi *A semente da vitória*,[37] do professor Nuno Cobra. Fala sobre a necessidade higienizadora do sono e que muitos de seus pacientes se alimentam bem, fazem exercícios, mas não dormem – e isso é a causa de doenças que aparentemente não têm causa.

É durante o sono que o nosso sistema imunológico se revigora, hormônios são liberados e a memória se fortalece. Uma noite mal dormida – já passamos por isso em algum momento – resulta em um dia seguinte de cansaço e até de mau humor.

O mais indicado é dormir oito horas por noite. Nosso corpo demanda isso. E dormir precisa ser levado tão a sério quanto comer.

Algumas dicas para quem tem dificuldade de dormir:
- Crie um ritual de preparação.
- Não coma antes de ir para a cama.
- Não vá se deitar com o celular.
- Crie um ambiente acolhedor no seu quarto, com silêncio e pouca luz.
- Se precisar de um tempo, leia um livro em vez de ver televisão.
- Tome um chá de camomila ou cidreira (sua avó já sabia disso).

---

37 Nuno Cobra, *A semente da vitória*, São Paulo, Senac São Paulo, 2017.

Meu depoimento

Eu não era gordinho até os 18 anos. A partir de então, uma barriga começou a se avolumar. E fui experimentando vários tipos de dieta. Ainda na juventude, adorava Inibex, um tipo de inibidor de apetite que já foi até retirado do mercado pela Anvisa.

Posteriormente, fiz todo tipo de dieta: da luz, do abacaxi, de Beverly Hills, da sopa do Incor etc., e ainda tenho muitas pastas aqui com receitas milagrosas.

Nunca fui sedentário, pelo contrário, sempre fiz muito exercício físico. Acreditava que a quantidade de exercícios que eu fazia iria me permitir comer como se eu tivesse 2,40 metros de altura e trabalhasse como estivador, quando na verdade não passo de 1,74 metro e sou professor.

Lembro que uma vez, numa consulta em São Paulo, uma endocrinologista me perguntou: não entendo, você só come abacaxi de manhã, como não emagrece? Qual o tamanho da porção?

- Eu comia dois abacaxis médios inteiros.
- Comia facilmente dois pães acompanhados de fruta, granola, iogurte, ovo.
- Se tivesse em hotel, então, devorava panqueca, tapioca, tortas, tudo para "aproveitar o buffet".

Mas eu estava cansado. E preocupado com o histórico de infarto de meu pai.

Em janeiro de 2017, desembarcando em Brasília, fui direto ao Bálsamo Spa, com 112 quilos, decidido a iniciar uma nova jornada. Veja como eu era na ocasião, nesta foto:

Lá conheci o naturopata Pete Coen, e comecei várias mudanças, entre elas:

- Preferir sempre comida de verdade.
- Nunca comer duas sementes juntas (tipo feijão com arroz é algo que evito sempre, como ou um ou outro).
- Passar a tomar só suco de manhã (depois aderi ao jejum).
- Fazer mais exercícios funcionais, como respiração, hidroginástica, ioga, com menos impacto e trabalhando mais articulações, alongamentos etc.
- Praticar meditação.

Hoje estou com 90 quilos e vivo numa boa, e ainda pretendo perder mais alguns quilos. O mais importante é que hoje eu controlo melhor quando fazer isso. Entendi que, se dos 20 aos 45 anos adquiri 25 quilos de sobrepeso, não posso esperar perder esses 25 quilos em um ano.

Com relação à meditação, hoje a pratico ao longo do dia, às vezes mais de uma vez por dia, mas sempre ao fazer esporte ou alguma tarefa doméstica (como lavar a louça). Usei o aplicativo Lojong por 352 dias seguidos para experimentar e achei os resultados incríveis. Parei apenas para poder testar outros métodos – mas mantenho-o instalado no celular e uso-o regularmente, em particular para as meditações de atenção plena, de relaxamento e aquelas que induzem o sono.

Sigo vivendo, leve e saudável.

Antes de terminar

Quero contar uma história que ouvi quando me preparava para visitar a Índia.

Era uma vez três deuses:

Brahma – O Deus da criação. Foi ele que criou tudo.

Vishnu – O Deus da preservação. É o responsável pela manutenção das coisas, para que tudo aconteça.

Shiva – O Deus da destruição. É o rei das mudanças. Destrói e dá lugar para que o novo floresça.

De forma infantil, essa é a "divina trindade", ou trimúrti, a parte manifesta tripla da divindade suprema da religião hindu.

E como quase tudo na Índia, as lendas, os ritos, as tradições e as crenças sempre estão presentes como forma de reforçar valores e hábitos (desde a massala até a ioga).

Portanto, sem pedir que acredite nisto, peço que você respeite e entenda que:

- Brahma é o deus da criatividade e do intelecto. É a ele que devemos agradecer por tudo que temos, por cuidar de nossa mente, do que pensamos, do que podemos aprender e reaprender.
- Vishnu é quem cuida das rotinas. É a ele que devemos orar pela disciplina e pela verdade. Alimentar-se bem, exercitar-se, pensar e fazer positivo, ter foco, disciplina, não procrastinar: observar essa "ordem" é o que nos mantém como humanos com atividades, metas e objetivos.
- A Shiva devemos agradecer quando chegam as tempestades, a chuva, os ventos, as pandemias e o fim dos ciclos. Pois sem a destruição, não há espaço para o novo. A nova safra só vem depois que a anterior foi colhida (não há outra maneira). Há tempo de plantar e tempo de colher. De adubar, de cuidar e de tirar os inços.

Portanto, se tudo parecer perdido, tenha fé. É Shiva agindo para que tudo se renove. E não esqueça: divirta-se ao longo do caminho. Até que se prove o contrário, a vida não tem replay.

Entre em contato comigo e compartilhe sua história de transformação em: **www.economiadapaixao.com.br**.

Obrigado por sua companhia.

Nós nos vemos nas mídias sociais, ou, se preferir e quiser me mandar um e-mail, sua mensagem será muito bem-vinda: marcelo@pimenta.com.br.

Posfácio

Encontre a sua paixão e perca-se no fluxo!

Paula Costa
@paulacoliv

Certa vez, em uma cena típica de meio de tarde durante uma temporada de férias na casa dos meus avós maternos em Minas Gerais, ali pelos meus 11 ou 12 anos, eu preparava uma massa de pão de queijo com a minha avó enquanto ela contava sobre o neto de uma amiga que havia acabado de se formar, um menino que, "desde que nasceu, tinha vontade de estudar medicina". Até hoje me lembro daquele momento quando me questiono se é realmente possível uma pessoa nascer convicta de uma orientação pessoal e profissional, porque definitivamente essa não é a minha história.

Medicina esteve na minha lista de possíveis profissões antes de entrar na faculdade, assim como nutrição, educação física, odontologia, pedagogia, negócios da moda, designer de sapatos – esta última como resultado de um dos vários testes vocacionais a que me submeti naquela época –, entre algumas outras alternativas além dos palpites de amigos, familiares e professores que já nem me recordo mais. Enganei-me ao pensar que a escolha pela graduação em publicidade e propaganda seria a mais desafiadora ou até mesmo a última da minha vida profissional.

Por maior que fosse a minha convicção de que a comunicação havia sido a escolha certa, terminei a faculdade no escuro e inquieta em busca do meu lugar no mundo. Demorou até eu perceber que essa busca não havia iniciado na escolha da profissão, e muito menos que terminaria junto com os poucos anos de faculdade, mas, sim, que me nortearia rumo a respostas que, diferentemente de estarem em um ponto final, encontram-se entre vírgulas e pontos de interrogação de uma caminhada que está sempre apresentando um novo começo.

No livro *Seja mais feliz*, o autor Ral Ben Shahar afirma: "Nós não somos recompensados por apreciar a jornada em si, mas por um término bem-sucedido. A sociedade recompensa resultados, não processos; chegadas, não jornadas". Trocadilhos à parte, acho essa ideia muito feliz. Qualquer história que ouvimos que tenha um começo e um fim só faz sentido quando conhecemos o que está entre esses dois extremos, mas não damos a devida importância para isso. Muitas vezes, sabemos de onde estamos partindo e onde queremos chegar, e condicionamos a nossa felicidade a este objetivo final: "Quando eu fizer ou conquistar tal coisa, serei feliz". Esquecemo-nos de que passamos muito mais tempo percorrendo a jornada rumo aos nossos objetivos – que, muitas vezes, mudam no meio do caminho – do que alcançando-os de fato, e nesse sentido, é muito duro condicionarmos qualquer felicidade a um fim que nem mesmo sabemos se ou quando chegará.

Passei os últimos anos exercitando o olhar para a jornada. Em determinado momento, comecei a analisar o histórico de pessoas que admiro, buscando não conhecer somente as conquistas, mas o que existe entre elas, e me convenci de que todas as narrativas só ganham vida quando existe um propósito a ser perseguido; que esse nunca é o objetivo, mas, sim, o elemento-chave que estimula eternos próximos passos – fator que pode parecer nebuloso em uma trajetória sem porquê.

Ter feito parte deste livro é uma das provas desse aprendizado. Há alguns anos, tenho o privilégio de viver a minha paixão estudando e analisando o comportamento humano a partir do varejo físico, que nada mais é do que um grande palco social que reflete a sociedade e que se tornou o meu campo de trabalho na Vimer – empresa de inteligência de varejo. Entre tantos encontros especiais que esse percurso já me proporcionou, descobri o Marcelo e a nossa sinergia de buscar respostas na integração entre marketing, astrologia, ayurveda, meditação, entre outros campos de conhecimento que, a princípio, são divididos entre vida pessoal e profissional, mas que para nós justificam a natureza sistêmica humana e motivam o autoconhecimento e a busca pelo propósito como fonte de equilíbrio da vida – que, sim, contempla em uma só página os lados pessoal e profissional, como você conheceu no conceito do *ikigai*.

Esse encontro foi propício, mas definitivamente não um acaso, em um ano em que o mundo parou e acelerou ao mesmo tempo, em que vivemos a entrada definitiva na era da digitalização e o pico da humanização, quando pessoas com as mais diversas descrições foram estimuladas a questionar o sentido da própria existência, abrindo-se para o aprendizado do novo como único caminho para soluções que se fizeram necessárias.

Sem dúvida, a ambição nunca foi trazer todas as respostas para um momento tão duro e complexo para a sociedade; existem muitas transformações e movimentações além do que as páginas de um único livro seriam capazes de descrever, mas acredito que, assim como tem sido para mim, a economia da paixão pode ser uma chave decisiva para muitas pessoas frente aos desafios que o mundo nos impôs, e este livro, uma fonte de aprendizado para várias das paixões que habitam o nosso mundo e que, acredito, podem mudá-lo. Nesse contexto, não poderia concordar mais com uma citação da coreógrafa americana Twyla Tharp: "Sem paixão, toda a habilidade do mundo não será suficiente. Mas sem habilidade, toda a paixão do mundo deixará seus resultados a desejar. Combinar os dois é a essência da vida criativa".

Sou profundamente grata pelo universo ter me conectado a pessoas e conhecimentos incríveis que fizeram parte da construção deste livro de forma colaborativa. A ressonância da economia da paixão se fez tão forte que os capítulos puderam ser construídos simultaneamente, por pessoas diferentes e com visões distintas, mas em perfeita harmonia.

Até alguns dias atrás, tendo acabado de me mudar de país e vivendo um dos momentos mais agitados da minha vida profissional, eu ainda me perguntava como fui capaz de encontrar tempo para me dedicar a contribuir em alguns capítulos deste livro. Então, me dei conta de que resposta está nas próprias páginas dele: encontre a sua paixão e perca-se no fluxo!

Referências bibliográficas

ACHOR, Shawn. *O jeito Harvard de ser feliz*: o curso mais concorrido da melhor universidade do mundo. São Paulo: Benvirá, 2012.

ANDERSON, Chris. *A cauda longa*: a nova dinâmica de marketing e vendas: como lucrar com a fragmentação dos mercados. Rio de Janeiro: Elsevier, 2006.

BUETTNER, Dan. *Zonas azuis*: a solução para comer e viver como os povos mais saudáveis do planeta. São Paulo: nVersos, 2018.

CARMELLO, Eduardo. *Resiliência*: a transformação como ferramenta para construir empresas de valor. 5. ed. São Paulo: Gente, 2008.

COBRA, Nuno. *A semente da vitória*. São Paulo: Senac São Paulo, 2017.

CORREA, Alexandre. *Longevidade inteligente*: como se preparar para uma vida de 100 anos. São Paulo: Novatec, 2020.

COVEY, Stephen. *Os 7 hábitos das pessoas altamente eficazes*: lições poderosas para a transformação pessoal. Rio de Janeiro: BestSeller, 2017.

CSIKSZENTMIHALYI, Mihaly. *Flow*: the Psychology of Optimal Experience. Nova York: Harper Perennial, 2008.

DWECK, Carol S. *Mindset*: a nova psicologia do sucesso. Trad. S. Duarte. Rio de Janeiro: Objetiva, 2017.

GARCÍA, Héctor; MIRALLES, Francesc. *Ikigai*: os segredos dos japoneses para uma vida longa e feliz. Rio de Janeiro: Intrínseca, 2018.

GILBERT, Elizabeth. *Grande magia*: vida criativa sem medo. Trad. Renata Telles. Rio de Janeiro: Objetiva, 2015.

GIUDICE, Maria; IRELAND, Christopher. *Rise of the DEO*: Leadership by Design. San Francisco: New Riders Publishing, 2013.

GREGER; Michael; STONE, Gene. *Comer para não morrer*: conheça o poder dos alimentos capazes de prevenir e até reverter doenças. Rio de Janeiro: Intrínseca, 2018.

HARARI, Yuval Noah. *Sapiens*: uma breve história da humanidade. Porto Alegre: L&PM, 2015.

KEPLER, João. *Smart Money*: a arte de atrair investidores e dinheiro inteligente para seu negócio. São Paulo: Gente, 2018.

KISHIMI, Ichiro; Koga, FUMITAKE. *A coragem de não agradar*: como a filosofia pode ajudar você a se libertar da opinião dos outros, superar suas limitações e se tornar a pessoa que deseja. Trad. Ivo Korytowski. Rio de Janeiro: Sextante, 2018.

MACKEY, John; SISODIA, Raj. *Capitalismo consciente*: como libertar o espírito heroico dos negócios. Rio de Janeiro: Alta Books, 2018.

PETERSON, Jordan B. *12 regras para a vida*: um antídoto para o caos. Rio de Janeiro: Alta Books, 2018.

RASQUILHA, Luís. *Coolhunting e pesquisa de tendências*: observar, identificar e mapear as tendências e mentalidades emergentes do consumidor. Coimbra: Actual, 2015.

REDFIELD, James. *A profecia celestina*: uma aventura da nova era. Trad. Marcos Santarrita. São Paulo: Fontanar, 2009.

RUIZ, Don Miguel. *Os quatro compromissos*: o livro da filosofia tolteca. Rio de Janeiro: BestSeller, 2005.

SCHUMPETER, Joseph A. *Capitalismo, socialismo e democracia*. São Paulo: Editora Unesp, 2017.

SERAFIM, Luiz. *O poder da inovação*: como alavancar a inovação na sua empresa. São Paulo: Saraiva Uni, 2012.

SINGER, Wolf; RICARD, Matthieu. *Cérebro e meditação*: diálogos entre o budismo e a neurociência. São Paulo: Alaúde, 2018.

SUTHERLAND, Jeff. *Scrum*: a arte de fazer o dobro do trabalho na metade do tempo. 2. ed. São Paulo: Leya, 2016.

TALEB, Nassim Nicholas. *Antifrágil*: coisas que se beneficiam do caos. Trad. Renato Marques. Rio de Janeiro: Objetiva, 2020.

VIANNA, Maurício et al. *Design thinking*: inovação em negócios. MJV Press, 2014.

WAENGERTNER, Pedro. *Estratégia da inovação radical*: como qualquer empresa pode crescer e lucrar aplicando os princípios das organizações de ponta do Vale do Silício. São Paulo: Gente, 2018.

WILLIAMS, Mark; PENMAN, Dany. *Atenção plena*: Mindfulness, como encontrar a paz em um mundo frenético. Rio de Janeiro: Sextante, 2018.

Lista de empresas e pessoas citadas

A

Abraham Maslow, *60*
Albert Einstein, *83*
Alex Osterwalder, *173*
Alexandre Correa, *153*
Alfred Adler, *75*
Alfredo Clemente Pinto, *77*
Alfredo Soares, *122*
Amor aos Pedaços, *48*
Ana Tex, *34*
Associação Brasileira de Startups (Abstartups), *22*

B

Banco do Brasil, *95*
Bálsamo Spa, *204*
Barack Obama, *62*
Bill Gates, *62*
Blog do Nei, *182*
Brené Brown, *51*

C

Candace Allen, *33*
Canon, *136*
Carol Dreck, *95*
Catarse, *134*
Celso Antunes, *158*
Chris Anderson, *156*
Christopher Ireland, *142*
Clarissa Biolchini, *15*
Coca-Cola, *120*

D

David Cooperrider, *52*
Dan Buettner, *70*
Don Miguel Ruiz, *201*

E

Eduardo Carmello, *78*
Elizabeth Gilbert, *60*
Epicteto, *70*
ESPM, *15*

F

Fábio Mariano Borges, *168*
Facebook, *119*
Flávio Rocha, *29*
Francisco Cândido Xavier, *10*
Freud, *75*
Friedrich Nietzsche, *80*, *208*
Fumitake Koga, *76*

G

Gil Giardelli, *147*

H

Héctor Garcia, *68*
Hitachi, *136*
Honda, *136*
Hoopsuite, *88*

I

IBGE, *153*
Ichiro Kishimi, *76*
Indiegogo, *134*
Instagram, *39*, *46*, *49*, *115*, *180*

J

James Redfield, *11*
Jeff Sutherland, *31*
João Kepler, *138*
John Mackey, *29*, *33*
Jordan Peterson, *203*
Joseph Schumpeter, *144*, *146*

K

Kantar, *118*
Kate Atkin, *49*
Keep Learning School, *12*
Ken Mogi, *49*
Kickante, *134*
Kickstarter, *134*

L

La Fontaine, *77*
LinkedIn, *164*
Lojong, *216*
Luís Rasquilha, *152*
Luis Tennyson Pinheiro, *98*
Luiz Eduardo Serafim, *149*

M

Manoel Carlos Júnior, *44*
Maria Augusta Orofino, *15*
Maria Giudice, *142*
Mark Williams, *211*
Marshall Rosenberg, *40*
Mauricio Viana, *104*
MeuSucesso.com, *15*
Michael Greger, *204*
Mihály Csíkszentmihályi, *74*
Milton Nascimento, *127*
Ministério da Saúde, *204*
MJV Innovation, *18*, *182*
Murilo Gun, *12*, *61*

N

Nassim Nicholas Taleb, *78*
Netflix, *51*
Nicola Dourambeis, *31*
Nissan, *136*
Nuno Cobra, *214*
Nutrimental, *52*

O

ONU, *154*

P

Paola Tucunduva, *194*
Paulo Freire, *200*
Pearson, *84*
Pedro Waengertner, *146*
Philip Kotler, *27*
Polo Palestrantes, *6*, *44*
Profeta Gentileza (José Datrino), *91*

R

Rachel Buchan, *46*
Raj Sisodia, *29*, *33*
Ricardo Jordão, *50*
Robert Fisher, *52*
Robert Plutchik, *37*
Roberto Tranjan, *93*

S

Salesforce.com, *31*
SamyRoad, *34*
Sebrae, *6*
Sérgio Lage, *12*
Shawn Achor, *86*
Spotify, *31*
Stephen Covey, *189*
Suresh Srivasta, *52*

T

Ternary Software, *30*
Toyota, *136*

U

Udemy, *15*
Universidade Federal de Santa Maria, *14*
Universidade de Stanford, *95*
Universidade de Tóquio, *206*

V

Vakinha, *134*
Vernon Smith, *33*

W

W. Edwards Deming, *136*, *200*
We Are Social, *88*
WhatsApp, *118*, *119*

Y

Yoshinori Ohsumi, *206*
Yuval Harari, *144*, *145*, *146*

www.dvseditora.com.br